TRICK 17

ALLTAGSTIPPS

BENJAMIN BEHNKE UND KAI DANIEL DU

INHALT

KAI
BEN

VORWORT

Egal ob beim Haushalt, auf Reisen, im Büro, beim Sport, zu besonderen Anlässen oder einfach abends auf der Couch: Wir sind ständig auf der Suche nach Kniffen, Tipps und Tricks, Lifehacks, also einfachen Ideen, die unser Leben leichter machen. Und am liebsten machen wir uns dafür genau die Dinge zunutze, die sowieso schon überall herumliegen! Alltagsgegenstände, Büroartikel und Haushaltswaren lassen sich nämlich auf häufig überraschende, stets clevere und vor allem genial einfache Weise wiederverwenden und zweckentfremden.
Wir haben in diesem Buch über 400 solcher verrückten und (meist) praktischen Hacks aus allen Lebensbereichen gesammelt, ausprobiert, beschrieben und kommentiert. Damit auch ihr euch das Leben leichter machen könnt!
Warum gerade wir dieses Buch schreiben? Erstens, weil wir bekennende und praktizierende Alltagsoptimierer sind, seit wir denken können. Zweitens, weil wir viele Jahre lang den „Trick 17 Podcast" produziert haben, eine Radiosendung im Internet, in der wir über die Jahre unzählige Hacks gesammelt, vorgestellt und ausprobiert haben.
Die nachfolgenden Seiten sind ausnahmslos zum Nachmachen empfohlen und eignen sich obendrein hervorragend als Geschenk, Nachschlagewerk oder als praktischer Begleiter auf Reisen. Und sogar als Bettlektüre, denn Lifehacks machen richtig viel Spaß – und süchtig!

Ben & Kai

Wohnen und Ordnung halten

Widerspenstige Folienverpackungen lassen sich leichter öffnen, indem du je eine Münze vor und hinter der Aufreißnaht platzierst und die Münzen gegeneinanderdrückst.

1

Sortiere deinen Einkaufszettel direkt beim Schreiben nach Warengruppen, damit du im Supermarkt nicht ständig hin und her rennen musst. Beginne dabei am besten mit der ersten Gruppe in der linken oberen Ecke und drehe den Zettel dann um 90° weiter. In einer Ecke vermerkst du beispielsweise Obst und Gemüse, in der nächsten Ecke Milchprodukte, anschließend Mehl/Salz/Zucker etc., dann Fleisch und Wurst, Süßwaren usw. Insgesamt kannst du so nach 8 Gruppen sortieren.

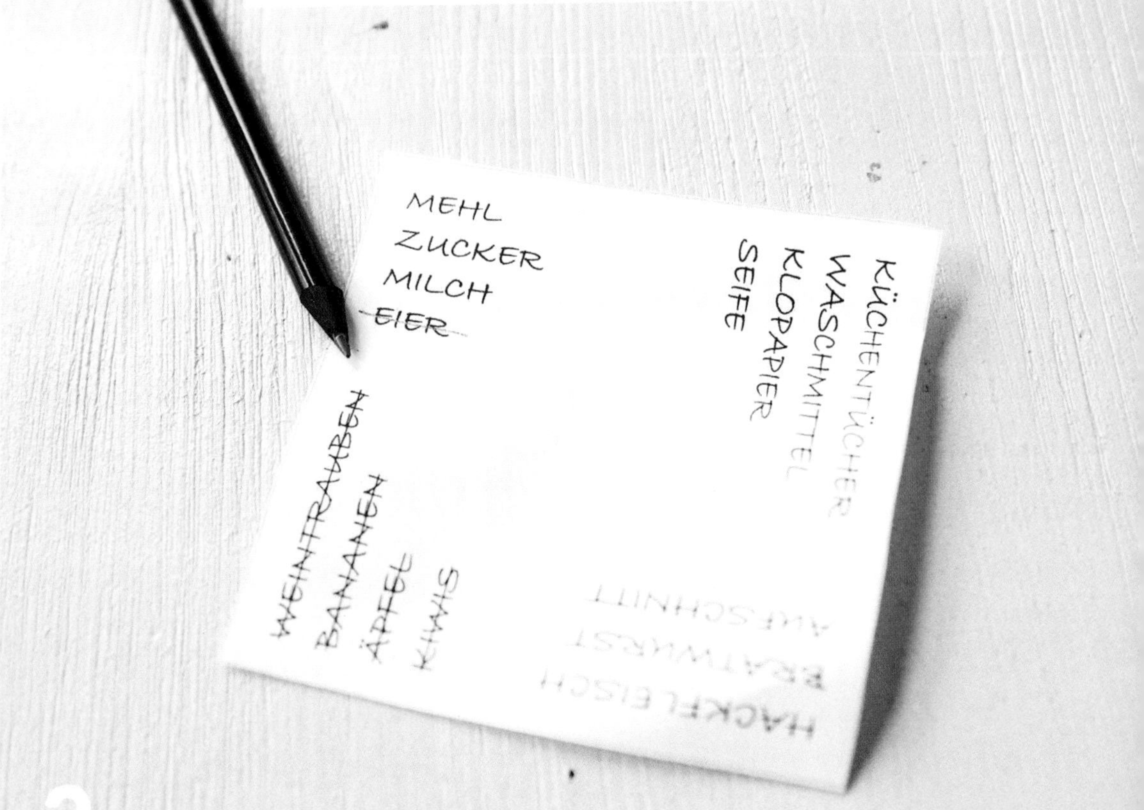

2

EINKAUF MIT SYSTEM

3

TRAGEKOMFORT

Mit einem breiten Karabinerhaken kannst du mehrere Plastiktüten auf einmal tragen, ohne dass sie in die Finger einschneiden.

In der übrigen Zeit eignet sich der Karabiner als Schlüsselanhänger.

In Hartfolie eingeschweißte Gegenstände lassen sich leicht mit einem Dosenöffner befreien.

4

HARTES STÜCK ARBEIT GANZ LEICHT

5

GUT GEZOGEN IST HALB GEDREHT

Mit einem Stück Gewebeklebeband am Rand des Deckels eines Schraubglases kannst du das Glas leicht öffnen.

Wenn du das Glas nicht wieder verschließen musst, stich einfach ein Loch in den Deckel. Auch dies ermöglicht ein leichteres Öffnen.

6 ANTI-KALK-KUR I

Zum Reinigen des Duschkopfes stülpe einen Gefrierbeutel mit Essig oder Zitronensäure darüber und befestige ihn mit einem Gummiband. Über Nacht wirken lassen und anschließend mit Wasser abspülen.

Das Säurebad desinfiziert den Duschkopf gründlich.

7

ANTI-KALK-KUR II

Eine ausgepresste Zitronenhälfte kannst du verwenden, um Kalkflecken auf der Spüle oder auf Armaturen zu entfernen.

Wische noch einmal mit einem Küchentuch nach, um Fruchtfleischstücke zu entfernen.

8

NEUER SILBERGLANZ

Angelaufenes Silber lässt sich schnell und einfach reinigen, indem du es zusammen mit einem Stück Alufolie in eine gesättigte Salzlösung gibst. Nach wenigen Minuten strahlt das Silber wieder wie neu.

Im Gegensatz zum Polieren mit Polierpaste wird das oxidierte Silber nicht abgeschliffen, sondern chemisch wieder zu Silber umgewandelt.

Doppelseitiges Klebeband auf einer Farbrolle ist ein mächtiges Werkzeug zum großflächigen Entfernen von Fusseln und Haaren.

Tierhaare lassen sich auch mit einem Duschabzieher entfernen (siehe Hack Nr. 24).

9 FUSSELROLLE

10

MIX AND CLEAN

Ein paar Tropfen Spülmittel und etwas Wasser in den Mixer geben, aufmixen, ausspülen, sauber!

Bei Stabmixern funktioniert das Prinzip ebenfalls, wenn du Wasser und Spülmittel in einen Becher gibst.

11

ZAHNPASTA-WEISS

Mit Zahnpasta und Zahnbürste werden dreckige Gummisohlen an Schuhen wieder strahlend weiß.

Auch trübe Scheinwerfer bekommst du mit Zahnpasta wieder klar.

Befestige einen Nylonstrumpf mit einem Gummiband am Ende des Staubsaugerrohres. So kannst du mühelos kleine Gegenstände unter dem Schrank oder Sofa hervorholen.

Wiederfinden macht Freude!

12 KLEINE TEILE WIEDERFINDEN

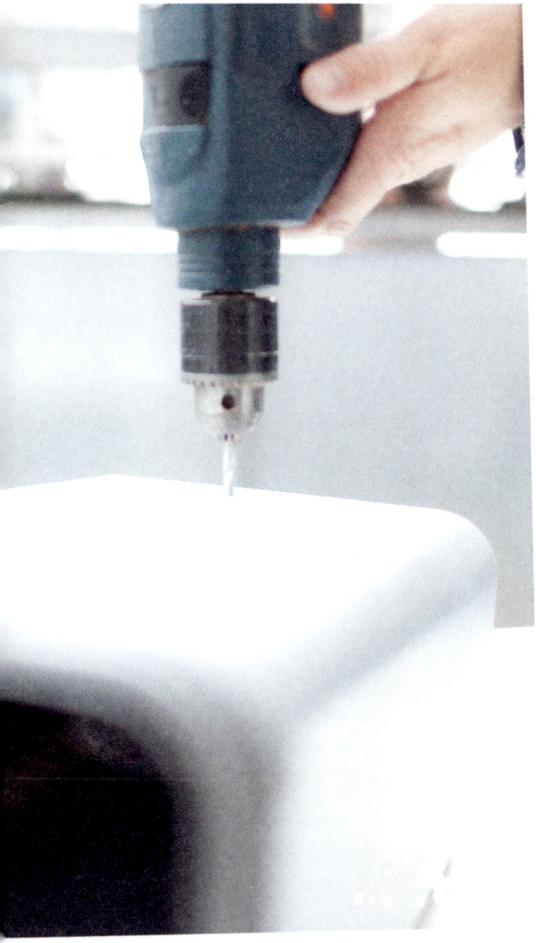

13

FRUSTFREIE MÜLLEIMER

Bringe in etwa 4 cm Höhe einige Bohrungen am Mülleimer an. Das verhindert, dass sich der befüllte Müllbeutel beim Herausheben festsaugt.

Die Rolle mit den neuen Müllbeuteln einfach unten in den Eimer legen: So sind diese gut aufgeräumt und beim Beutelwechseln sofort griffbereit.

14

HALT MAL!

Klebe zwei Plastikhaken verkehrt herum an die gegenüberliegenden Seiten eines Mülleimers. Stecke einen Müllbeutel mit Zugband in den Eimer, stülpe ihn über die Kante und hänge die Zugbänder in die Haken ein. Durch diesen Trick kann der Müllbeutel nicht mehr in den Mülleimer rutschen und bleibt an Ort und Stelle.

15 SAUBERERE TONNE

Eine alte Zeitung am Boden des Mülleimers oder der Mülltonne saugt entstehende Flüssigkeiten auf und erleichtert die Reinigung.

Bestreut man die Zeitung zusätzlich mit etwas Natron, werden unangenehme Gerüche eingeschränkt.

16 SCHÖNE SPITZE

Erhitze den Kunststoffdeckel einer Flasche vorsichtig über einem Teelicht und drücke mit einem stumpfen Spieß eine Spitze durch das weich gewordene Plastik. Nach dem Abkühlen die Spitze abschneiden. So kannst du alle Arten von Flüssigkeiten sparsam dosieren.

Die dünne Spitze eignet sich auch perfekt, um Kuchen mit flüssiger Kuvertüre zu verzieren.

Aus einem Kunststoffkanister kannst du mit einem Teppichmesser eine kleine Schaufel schneiden.

Je nach Form des Kanisters kann die resultierende Schaufel anders aussehen. Solange ein Griff am Kanister ist, sollte aber auf jeden Fall eine Schaufel herauskommen.

17 KANISTERSCHIPPE

18 MIEF ADE!

Einen müffelnden Spülschwamm mit Wasser durchfeuchten und für zwei Minuten in der Mikrowelle erhitzen. Nach dem Abkühlen riecht der Schwamm wie neu!

Wenn der Schwamm schon mal an Ort und Stelle ist: Am besten gleich die Mikrowelle ausputzen.

19

SPÜLPISTOLE

Eine Sprühflasche mit einem Teil Spülmittel und neun Teilen Wasser füllen. So lässt sich das Spülmittel flächig auf das Geschirr aufbringen und du benötigst weniger von der „Porzellanseife".

20 ORDENTLICHER ABRIEB

Schneide ein Stück Backpapier auf die Größe der Reibefläche deiner Küchenreibe zu und drücke es vorsichtig darauf fest, sodass die Zähne der Reibe durch das Papier stechen. Nun kannst du nach dem Reiben den Abrieb mitsamt dem Papier abnehmen und diesen mit einem Löffel vom Papier abstreifen.

Die Reibe bleibt auf diese Weise sauber und der Aufwand beim Reinigen ist geringer.

21

ALUFOLIEN-SCHWAMM

Zusammengeknüllte Aluminium-Folie eignet sich hervorragend als improvisierter Reinigungsschwamm für hartnäckige Verkrustungen.

Nicht geeignet für beschichtete Töpfe und Pfannen!

22

SAUBERES HOLZBRETT

Halbiere eine Zitrone und reibe mit einer der Hälften und grobem Salz gründlich auf dem Holzbrett umher. Anschließend kurz mit heißem Wasser abspülen – sauber ist das Brett.

Holzbretter oder Kochlöffel nie über längere Zeit in Wasser einweichen, da das Holz sonst aufquillt und sich verformt.

Lass Orangenschalen zusammen mit Essig für zwei Wochen in einem verschlossenen Schraubglas ziehen. Anschließend in eine Sprühflasche umfüllen – fertig ist ein ungiftiges und gut duftendes Reinigungsmittel.

Damit lassen sich beispielsweise müffelnde Kühlschränke oder Oberflächen im Bad reinigen.

23

ORANGEN-ESSIG-REINIGER

Ein Gummiabzieher eignet sich nicht nur zum Reinigen von Fenstern oder Duschkabinen, sondern entfernt auch zuverlässig Tierhaare von Polstermöbeln und Teppichen.

Haare und Fusseln lassen sich auch mit einer selbstgebauten Fusselrolle entfernen (siehe Hack Nr. 9).

24

TIERHAARE ENTFERNEN

An einer Garderoben- oder Duschvorhangstange im Spülunterschrank kannst du Sprüh flaschen einhängen.

Teleskopstangen gibt es in vielen Längen. Sie lassen sich bei Bedarf auch wieder spurlos entfernen.

25 SPRÜH-FLASCHEN-HALTER

Auch an einem kleinen Waschbecken lässt sich mit diesem Trick Wasser in einen Eimer füllen: Das Wasser einfach mit einer sauberen Kehrschaufel in den Eimer leiten.

Achte beim Kauf deiner Kehrschaufel auf die Griffform. Nur wenn die Oberseite eine Rinne bildet, ist der Griff für diesen Lifehack geeignet.

26 WASSERSCHAUFEL

Befestige Stücke von einem Wischmopp unter deinen Hausschuhen. So putzt du beim Herumlaufen den Boden.

27

MOPP-PANTOFFELN

28 DAMPF-REINIGUNG

Bevor du den Innenraum der Mikrowelle putzt, erhitze ein Schälchen mit Wasser für zwei bis drei Minuten darin. Der Dampf weicht angetrocknete Reste auf.

Bei hartnäckigen Verkrustungen kannst du das Verfahren mehrfach wiederholen.

29

VERTIKALE KEIMFLUCHT

Klemme einen Spülschwamm hochkant in eine Vielzweckklammer. Er trocknet schneller und bietet Keimen weniger Angriffsfläche.

Sollte der Schwamm doch mal müffeln, stecke ihn in die Mikrowelle (siehe Hack Nr. 18).

30 BLITZEBLANK

Um eine schmale Glasvase zu reinigen, gib Backpulver hinein und fülle sie mit heißem Wasser auf. Über Nacht stehen lassen und gründlich ausspülen.

Gelingt auch mit Reiniger für Zahnersatz.

31

AB AUF DIE BANK!

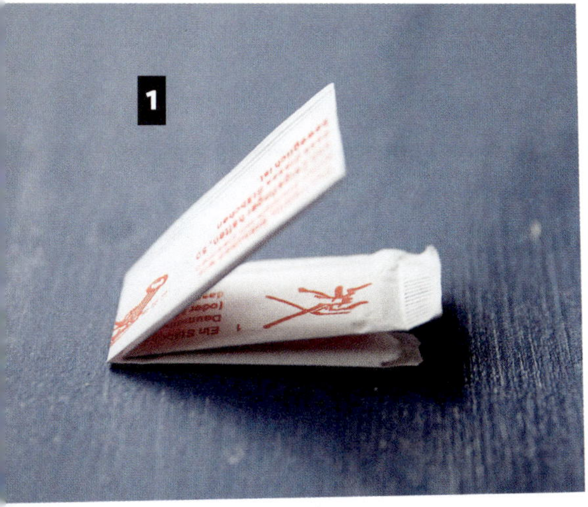

Dazu musst du das Papier nur zweimal mittig einfalten…

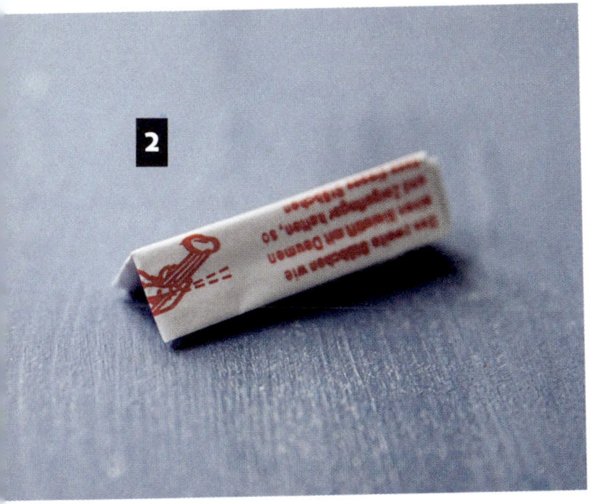

… dann der Länge nach umfalten …

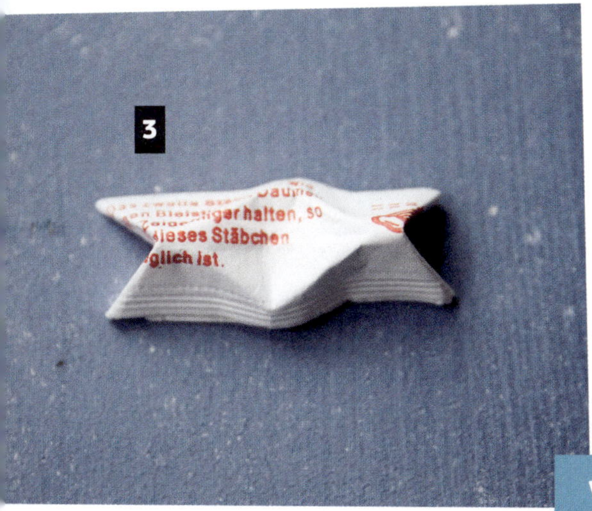

… und schließlich die Seiten nach innen einknicken.

Zu guter Letzt kannst du die obere Kante noch etwas eindrücken, damit die Stäbchen nicht herunterrollen.

32 STREU-EIER

Bohre unten in eine Ü-Ei-Kapsel kleine Löcher für Salz (mehrere Löcher) oder für Pfeffer (weniger Löcher) – fertig ist der improvisierte Streuer!

Die Streu-Eier mit den Löchern nach oben aufbewahren. Für den Transport, z.B. zum Picknick, passen sie perfekt neben den echten Eiern in den Eierkarton.

33 MAIS EXPRESS-GAREN

Maiskolben, die noch von Blättern umhüllt sind, lassen sich in der Mikrowelle in 3–4 Minuten im eigenen Saft perfekt garen.

Schneide dann den Stielansatz mit einem scharfen Messer ab. So kannst du den fertig gegarten Kolben einfach und sauber aus der Hülle auf den Teller gleiten lassen.

34

GEDRÜCKT, NICHT GERÜHRT

Fülle eine French Press ca. 3 cm hoch mit warmer Milch und drücke den Stempel dann einige Sekunden kräftig auf und ab – fertig ist der leckere Milchschaum.

Je höher der Fettanteil in der Milch, desto cremiger wird der Schaum, und, klar: je niedriger, desto fester. Auch laktosefreie Milch und Sojamilch lassen sich prima aufschäumen.

SPROSSEN-FABRIK

Mungbohnensamen finden Getränkekartons so gemütlich, dass sie in wenigen Tagen darin wie verrückt keimen. Spüle den Getränkekarton dafür zunächst gründlich aus und schneide an der Oberseite die vier Ecken mit einer Schere so ab, dass die Löcher kleiner sind als die Bohnensamen. Gib nun 2–3 EL Bohnensamen durch die große Öffnung hinein und fülle den Karton zu 1/3 mit lauwarmem Wasser, das du nach 12 Stunden durch die abgeschnittenen Ecken abgießt. Von nun an alle 12 Stunden Wasser hineingießen, für ca. 15 Minuten im Karton belassen und wegschütten. Nach 4–5 Tagen ist die Box randvoll mit Mungbohnenkeimen. Für die Ernte Box oben aufschneiden.

Spüle die Bohnen nach der Ernte gründlich durch oder übergieße sie kurz mit kochendem Wasser. Beim Waschen kommen die kleinen grünen Hülsen an die Wasseroberfläche, wo du sie mit einer Schöpfkelle vorsichtig von den Keimen trennen kannst.

Selbstgemachte Spezialitäten wie Saft oder Konfitüren hübscht ein schönes Etikett auf. Drucke oder zeichne dafür ein Etikett auf Papier und pinsele auf die Rückseite eine dünne Schicht Milch; die Milch etwas einziehen lassen. Anschließend platzierst du das Etikett auf dem Glas und drückst es mithilfe eines Küchentuchs sorgfältig fest. Das Tuch nimmt gleichzeitig auch überschüssige Milch auf.

Auch andere glatte Flächen lassen sich auf diese Weise mit selbstgemachten Stickern verzieren.

36

MILCHKLEBER

37 SCHARFE SACHEN

Nassrasiererklingen kannst du schärfen, indem du sie entgegen der Rasierrichtung über ein Stück Jeansstoff ziehst. Übe leichten Druck aus und ziehe ein paar Mal von unten nach oben, dann von oben nach unten.

38

FELLSEIFE

Wickle ein Stück handelsübliche Seife in mehrere lose Streifen bunter Wolle ein.

Tauche das Seifenstück mitsamt Hülle in Wasser und reibe die Wolle fest in die Seife ein, sodass die Wolle verfilzt.

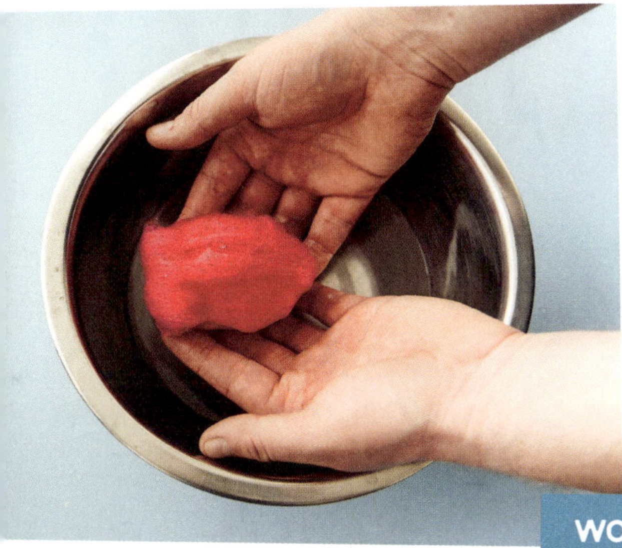

Spüle den Schaum unter fließendem Wasser weg und lass die Seife an der Luft trocknen.

Fertig ist ein einfaches, aber beeindruckendes Geschenk!

Trage eine dünne Schicht Rasierschaum auf den Spiegel auf und putze diese mit Küchenkrepp gründlich ab. Danach bildet sich beim Duschen oder Baden keine Nebelschicht mehr.

Der Trick funktioniert auch mit anderen Arten von Seife, wie Duschgel oder Shampoo.

39 UN(BE)SCHLAGBAR

40

SCHNELLER TROCKNEN

Gib ein trockenes, sauberes Handtuch zur feuchten Wäsche in den Trockner. Das Tuch saugt die Feuchtigkeit auf und beschleunigt insgesamt die Trocknung.

Ein schnellerer Trocknungsvorgang spart Geld und schont gleichzeitig Kleidung und Umwelt.

41

ANTISTATIK

Eine zusammengerollte Kugel Aluminiumfolie im Wäschetrockner verhindert, dass sich synthetische Wäsche statisch auflädt.

Du kannst auch einen Tennisball fest mit Alufolie umwickeln.

42

TEPPICH-BREMSE

Nutze selbstklebendes Klettband, um die Ecke des Teppichs zu befestigen, die immer wieder umklappt.

Der Klettverschluss ermöglicht es dir, unter dem Teppich zu putzen.

43 LUFTENTRÄUCHERUNG

Wirble ein feuchtes Handtuch durch die Luft, um diese aufzufrischen. Ein Tropfen ätherisches Öl auf dem Tuch sorgt für zusätzliche Frische.

44

DOSENHÄNGER

Hänge den Aufreißring einer Getränkedose über den Haken eines Kleiderbügels. Dort kannst du einen weiteren Kleiderbügel einhängen und so mehr Kleidungsstücke im Schrank unterbringen.

Nach unten verlängerbar: Einfach in den unteren Kleiderbügel wieder einen Ring und einen Haken hängen.

45
AUFGERÄUMTE SCHUBLADEN

Staple deine Kleidung hochkant in eine Schublade. So kannst du jedes Kleidungsstück herausnehmen, ohne alles neu stapeln zu müssen.

Ist die Schublade nicht voll, stelle von der Seite etwas gegen den Stapel, damit er nicht umfällt.

Breite dafür ein Shirt aus …

… lege die Unterhose mittig darauf und klappe die Seiten des Shirts nach innen.

Lege nun zwei Socken mit den Öffnungen nach außen quer auf das Shirt…

… und rolle das Ganze von oben nach unten eng ein. Zuletzt stülpe die Sockenöffnungen über die Rolle, um das Paket zu fixieren.

46 SKIVVY ROLLS

Um deine Sachen auf Reisen ideal zu verstauen und das Wichtigste immer griffbereit zusammen zu haben, drehe sie zu „Skivvy Rolls".

„Skivvy" ist ein umgangssprachliches Wort und bedeutet in England „Handlanger" und in Amerika „T-Shirt". Passt irgendwie beides!

Eine Kleiderhakenleiste, auf Fußhöhe angebracht, kann für Schuhe verwendet werden: Der Boden bleibt frei und die Schuhe sind ordentlich verwahrt.

47

SCHUHE AUFHÄNGEN

Hänge alle Kleiderbügel mit den Haken von hinten auf die Kleiderstange. Wann immer du etwas herausnimmst, hänge den Bügel anders herum wieder herein – und nach einem Jahr sortierst du die Kleidungsstücke aus, die noch wie am Anfang im Schrank hängen.

48 TRENNUNG ERLEICHTERN

Bewahre zusammengelegte Bettdeckenbezüge in den dazu gehörenden Kissenbezügen auf. So sind immer alle benötigten Teile mit einem Griff parat.

49 SCHNELLER BETTFERTIG

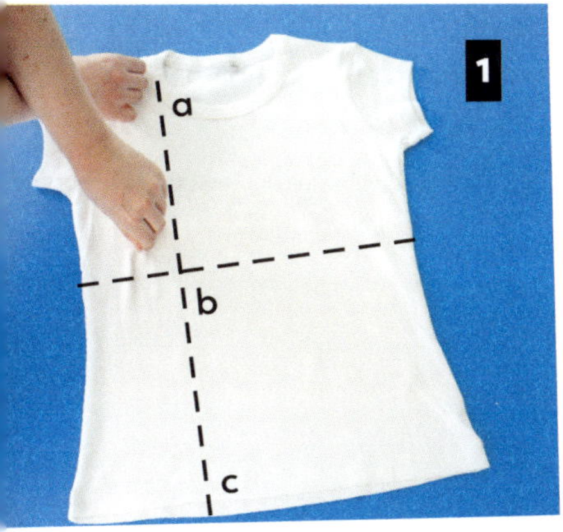

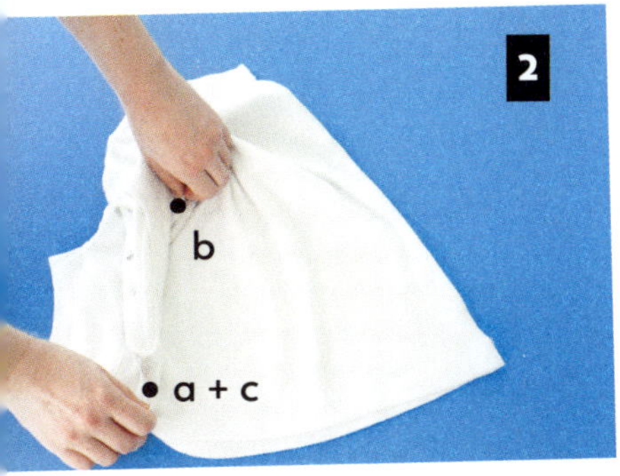

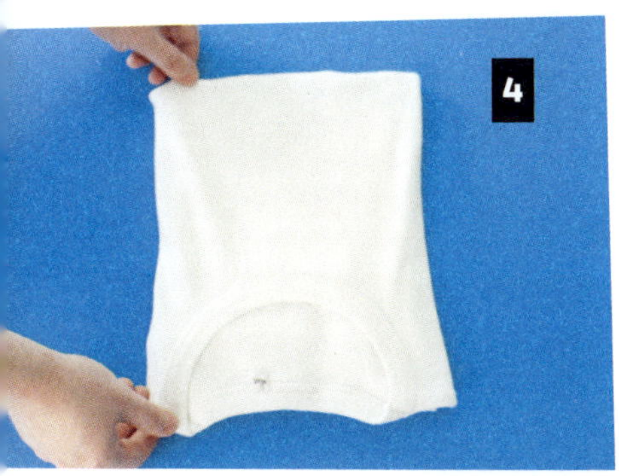

50 FALT SHUI

So falten die Japaner Shirts. Mit etwas Übung kannst auch du T-Shirts mit einem Handgriff zusammenlegen.

1. **Greife das Shirt wie abgebildet. Der linke Arm greift über den rechten Arm.**

2. **Führe Punkt a zu Punkt c und halte beide zusammen fest.**

3. **Hebe beide Arme an, sodass das Shirt in der Luft hängt.**

4. **Lege das Shirt mit den Ärmeln zuerst ab und klappe es auf der Vorderseite nach oben mittig zusammen.**

ANTI-RUTSCH-KLEIDERBÜGEL

Zwei eng um einen Kleiderbügel gewickelte Gummibänder verhindern, dass die Träger eines Kleides herunterrutschen.

Gelingt auch mit Pfeifenputzern (Chenilledraht).

52

PULLIS AUFHÄNGEN

Falte einen Pullover mittig entlang der Längsachse, lege einen Kleiderbügel mit dem Haken zwischen den Achseln auf den Pullover und klappe die beiden Hälften an den Stegen des Kleiderbügels herunter. So aufgehängt, entstehen keine Falten und Ausbeulungen an den Schultern des Pullovers.

Sieht etwas unstabil aus, hält durch die Überlappung den Pulli aber wunderbar auf dem Kleiderbügel.

LAKEN-FALTKUNST

1. **Die Vorderseite des Bettlakens zeigt nach außen (von dir weg). Stecke die unteren Ecken auf links in die oberen.**

2. **Das Bettlaken ist mittig vorgefaltet. Nun ablegen, die Ränder gerade ziehen, damit ein Rechteck entsteht.**

3. **Die Seitenkanten zur Mitte falten.**

4. **Das Tuch noch einmal mittig zusammenfalten.**

5. **Den Streifen zusammenfalten.**

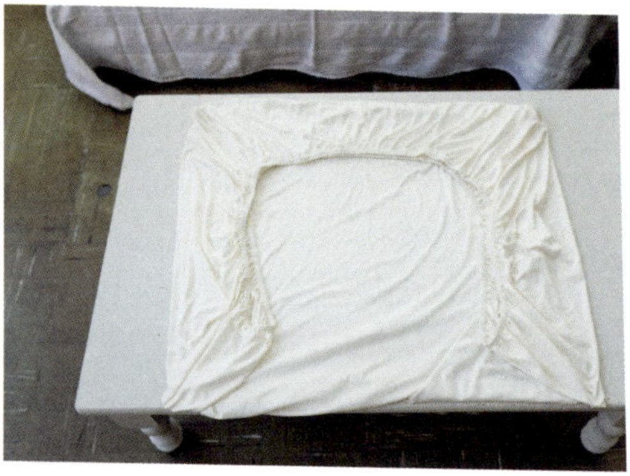

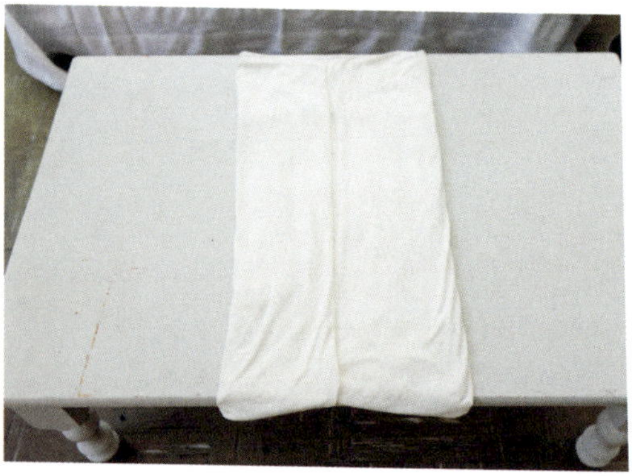

Leere Klopapierrollen helfen, Kabel in Schachteln und Schubladen zu organisieren.

54

ORDNUNG IN DER KISTE

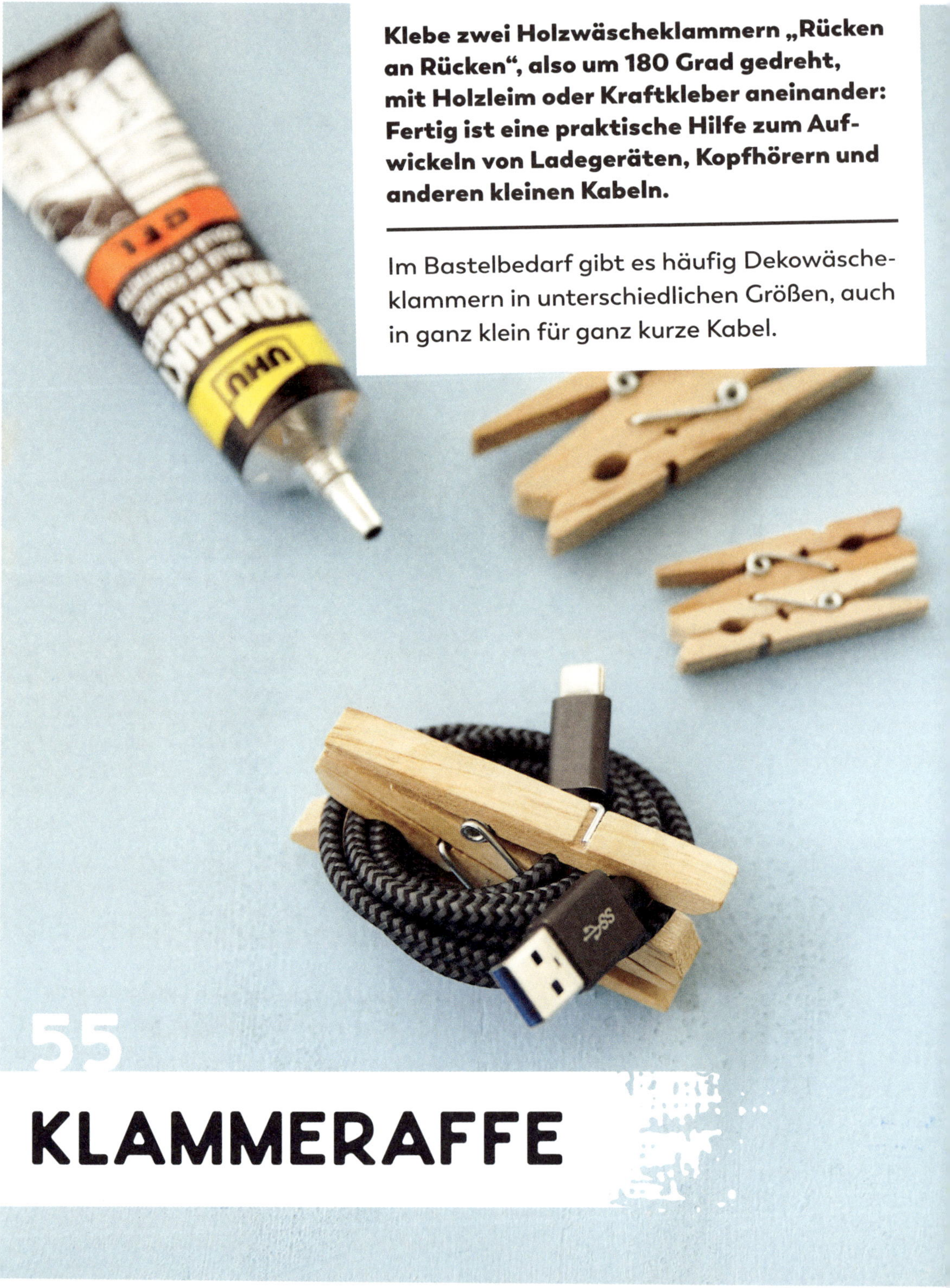

Klebe zwei Holzwäscheklammern „Rücken an Rücken“, also um 180 Grad gedreht, mit Holzleim oder Kraftkleber aneinander: Fertig ist eine praktische Hilfe zum Aufwickeln von Ladegeräten, Kopfhörern und anderen kleinen Kabeln.

Im Bastelbedarf gibt es häufig Dekowäscheklammern in unterschiedlichen Größen, auch in ganz klein für ganz kurze Kabel.

55

KLAMMERAFFE

56

LADEKABEL IN THE BOX

Unschöne Kabelsalate von Ladegeräten lassen sich ganz einfach in dekorativen Boxen verstecken. Wähle eine Box, die groß genug ist, um auch eine Mehrfachsteckdose aufzunehmen. Die Ladegeräte selbst kannst du mit doppelseitigem Klebeband oder Heißkleber auf dem Deckel der Box festkleben.

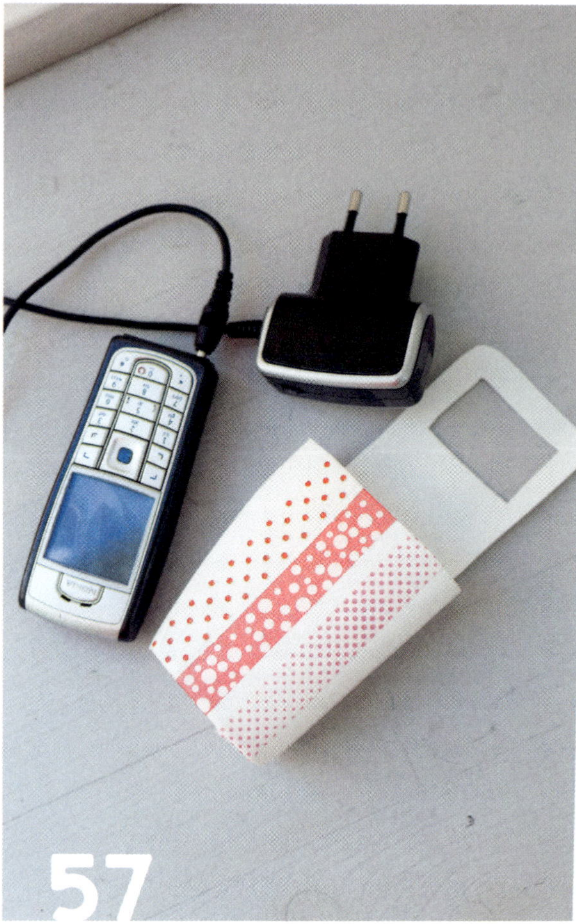

57

LADESTATION

Mit wenigen Schnitten wird aus einer Kunststoffflasche ein Halter fürs Mobiltelefon und andere Kleingeräte, die du mit dem Stecker des Ladegerätes direkt an der Steckdose anbringen kannst.

Nutze Brotbeutel-Clips als Kabelbinder und beschrifte sie mit einem Folienstift, um immer zu wissen, welches Kabel zu welchem Gerät gehört.

58 ZUSAMMENHALT

59 FARBCODE FÜR KABEL

Dünne Kabel an beiden Enden mit Kunststoffsteckperlen farblich markieren, um den Anfang bzw. das Ende leichter wiederzufinden. Die Perlen dafür an einer Seite mit einer Nagelschere aufschneiden und zum Aufstecken mit der Scherenspitze etwas auseinanderdrücken.

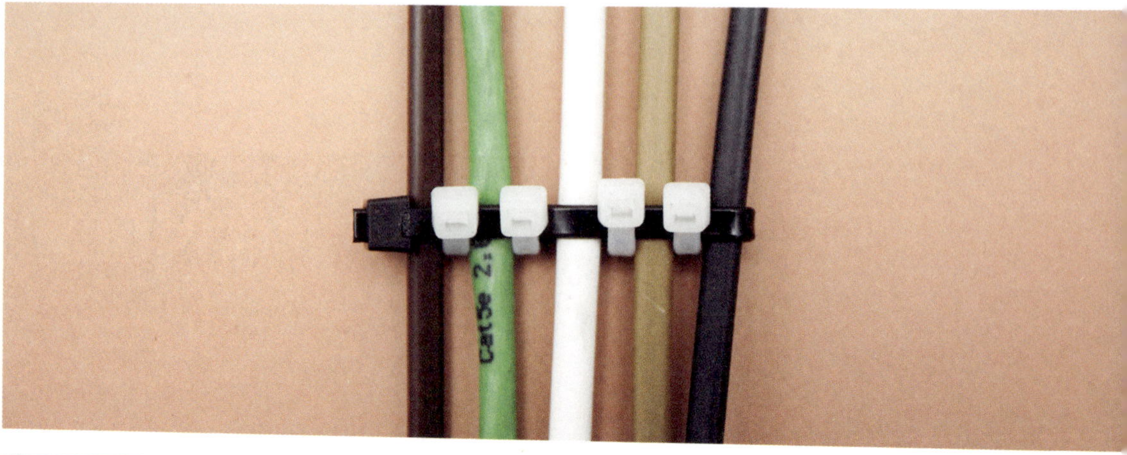

60

MIT KABELBINDERN KABEL BINDEN

Ordnung ins Kabelchaos bekommst du, wenn du einen langen Kabelbinder lose um die zu fixierenden Kabel ziehst...

... und zwischen den Kabeln sowie über dem langen Kabelbinder weitere kleinere Kabelbinder befestigst.

Abschließend alle Kabelbinder vorsichtig und gleichmäßig festziehen, und nichts verrutscht mehr!

61

HÄNGE-HANDY

Wenn du zwar eine Steckdose zum Laden findest, aber keinen Platz zum Ablegen deines Smartphones, wickle eine doppelte Schlaufe aus dem Ladekabel lose um das Ladegerät. In diese Schlaufe kannst du nun vorsichtig dein Smartphone legen.

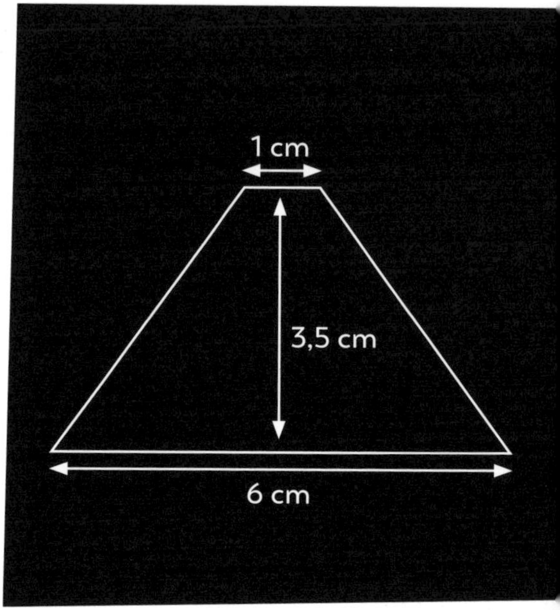

Schneide aus einer alten CD-Hülle mit Hilfe eines Cuttermessers vier gleiche Trapeze entsprechend der Vorlage.

Klebe die Trapeze mit transparentem Klebeband beidseitig aneinander, sodass ein offener Kreis entsteht.

Anschließend klebe das erste und das letzte Trapez so zusammen, dass ein quadratischer Trichter entsteht.

Unter dem Suchbegriff „hologram video“ findet man im Internet zahllose Videos, die vier Symbole oder Formen zeigen. In einem dunklen Raum im Vollbildformat auf dem Smartphone abspielen und den Projektor mit der Trichteröffnung unten mittig auf das Display stellen, sodass jede Seite des Trichters auf eines der Bilder zeigt. Wenn du nun durch die Seiten des Projektors schaust, kannst du in der Mitte ein echtes Hologramm sehen.

62

DIY-MINI-HOLO-PROJEKTOR-DINGS

Eine provisorische Hülle für dein Handy kannst du aus einem Luftballon herstellen. Dazu puste den Ballon auf...

... drücke das Handy mittig darauf und lass langsam die Luft aus dem Ballon. Der Ballon sollte nun beginnen, das Handy zu umschließen.

Wenn alle Luft entwichen ist, hat sich der Ballon komplett um das Handy gespannt.

63

SCHUTZBALLON

64 BESSERER ÜBERBLICK

Wenn du Taschenbücher, CDs oder DVDs in einem tiefen Regal in mehreren Reihen aufbewahrst, lege eine Schachtel oder ein Buch unter die hintere Reihe, damit diese erhöht steht und du die Titel lesen kannst.

Klappt bei besonders tiefen Regalen auch in drei Reihen, mit zwei Schachteln unter der hintersten Reihe.

65

VIELZWECK-KLAMMER FÜR VIELE ZWECKE

Mit einer Vielzweckklammer kannst du ein Geldbündel zusammenhalten und an ihrem Metallbügel auch gleich noch deinen Schlüssel einhängen.

Ein Bücherregal, direkt über der Tür angebracht, bietet auch im kleinsten Zimmer zusätzlichen Stauraum. Optimale Ausnutzung erreichst du mit einem Regal mit mehreren Konsolen, das über die gesamte Zimmerbreite gezogen wird.

66

PLATZ IST IN DER KLEINSTEN HÜTTE

67

UNSICHTBAR GESTÜTZT

Bücher, die auf einem Regal nebeneinander stehen, neigen zum Umfallen. Mit dieser genialen Buchstütze passiert dir das nie mehr!

1. **Falte ein Blatt in DIN A4 erst mittig horizontal und anschließend vertikal, um ein gefaltetes Kreuz zu erhalten.**

2. **Schneide das Blatt nun mit einer Schere entlang der gefalteten Linie an der längeren Seite bis zur Mitte ein …**

3. **… und schiebe zwei Viertel des Blattes so übereinander, dass eine Ecke entsteht. Fixiere die überlappenden Viertel von beiden Seiten mit Klebeband.**

4. **Öffne anschließend ein Buch ganz vorn oder ganz hinten (je nachdem, auf welcher Seite die Stütze angebracht werden soll) und schiebe die Stütze hinein.**

Neben das erste Buch nun weitere Bücher stellen, um die Stütze vollständig zu verbergen und zu beschweren.

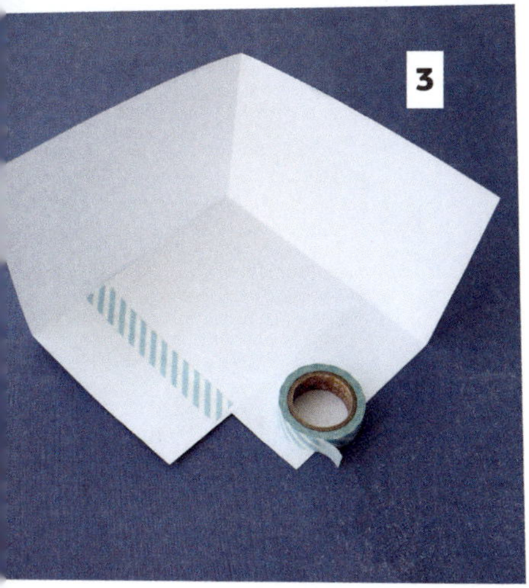

Dünne Kunststofftüten kannst du in einer ausgedienten Kosmetiktücherschachtel aufbewahren. So sind die Tüten bei Bedarf schnell griffbereit.

68 TÜTENBOX

Mit einem Flaschenverschluss lassen sich auch Tüten verschließen. Den Verschluss mit einem scharfen Messer abschneiden, die Tüte durchziehen und den Deckel aufschrauben.

Gelingt mit nicht zu großen und nicht zu starren Tüten.

69 TÜTENVERSCHLUSS

70

DOSENSTAPEL

Ein Zeitschriftensammler eignet sich als Aufbewahrung für kleine Dosen. Lege ihn wie abgebildet hin und vergiss vorne die Sperre aus Holz, Draht oder Pappe nicht, damit die Dosen nicht herauspurzeln.

Mehrere Dosenständer nebeneinander ergeben besonders in tiefen Schränken ein wahres Platzsparwunder.

71 TÜTENTRICK

Öffne Verpackungen, indem du einen schmalen Streifen der Verpackung am oberen Ende abschneidest. Diesen kannst du dann verwenden, um die Tüten zuzubinden.

Willst du die Tüte wieder öffnen und der Knoten sitzt zu fest, einfach die beiden losen Enden fest einzwirbeln und gegeneinanderdrücken.

72

KÜHL-SCHRANK-KÖRBE

Sortiere Lebensmittel im Kühlschrank in verschiedene Körbe und Kisten ein. So lassen sich beispielsweise alle Frühstücks-Utensilien mit nur einem Griff aus dem Kühlschrank nehmen.

So lässt sich der Kühlschrank auch schnell ausräumen und reinigen.

73

KABELBINDER AUFFÄDELN

Kabelbinder können zur Aufbewahrung auf einen Kabelbinder ohne Kopf aufgefädelt werden.

Einer für alle, alle für einen!

Stiefel stehen aufrecht, wenn du leere Wasserflaschen hineinsteckst.

Geht auch mit gerollten Zeitschriften oder zurechtgeschnittenen Schwimmnudeln.

74 STIEFELSTÄNDER

Vertikal gelagertes Besteck belegt deutlich weniger Platz in der Schublade. So lassen sich hohe Schubladen zu Besteckschubladen umfunktionieren.

75 AUFRECHTE MESSER

76

SPAGHETTI AUFBEWAHREN

Eine leere Stapelchipsdose eignet sich zur Lagerung von Spaghetti.

Mit buntem Papier beklebt ist die Dose nicht nur praktisch, sondern auch dekorativ.

Topfdeckel lassen sich mit selbstklebenden Garderobenhaken in eine Schranktür einhängen.

77 DECKELHALTER

78 MESSERBLOCK

Befülle einen Becher dicht mit Holz-Schaschlikspießen, die spitze Seite zeigt nach unten. Dann die Küchenmesser hineinstecken.

79 AUSFAHRBARE ABLAGE

Zusätzliche Ablagefläche in der Küche kannst du schaffen, indem du ein Schneidebrett auf eine geöffnete Schublade legst.

Lebensmittel, die viel Flüssigkeit abgeben, sollten hier nicht geschnitten werden, damit nichts in die Schublade läuft.

80 TAFELGLÄSER

Ein Stück Tafelfolie auf einem Glas lässt sich mit dem aktuellen Inhalt oder einem Gruß an den Beschenkten beschriften.

Der Vorteil: Schnell abwischen und neu beschriften! Verwende Kreidestifte (flüssige Kreide). Die Farbe haftet besser als normale Kreide, lässt sich aber ebenso wegwischen.

81
WICKELKUR

Aufgewickelte Kopfhörerkabel kannst du mit einem kleinen Haarclip zusammenhalten, ohne dass sie sich verknoten.

Aufgewickelte Haare kannst du mit einem Kopfhörerkabel zusammenbinden.

82 GLÄSER IN SOCKEN

Stecke Gläser und Flaschen in Socken, um sie beim Transport zu schützen.

So weißt du beim Umzug nicht nur, dass die Gläser ganz bleiben, sondern auch, wo die Socken sind.

83

LASTESEL

Bei einem Umzug helfen Rollkoffer dabei, besonders schwere Dinge, wie Bücher, zu transportieren.

Sind an der Rückseite des Koffers Kunststoffschienen angebracht, kannst du den Koffer auf den Treppenstufen hinuntergleiten lassen. Die Treppe, wenn notwendig, mit großen Pappen schützen.

Lackiere die Griffe deiner Schlüssel mit verschiedenfarbigem Nagellack, damit du sie unterscheiden kannst.

Du kannst mit Nagellack auch andere kleine Flächen streichen. Spart den Kauf von Farbdosen.

84

BUNTE SCHLÜSSEL

85

FAHNDUNGSFOTO

Mache ein Foto mit der Person und dem Gegenstand, den du ihr ausleihst. Auf diese Weise erinnern sich alle Beteiligten daran.

Grundsätzlich sollten Vertrauen und ein gutes Erinnerungsvermögen die Basis des Verleihens sein.

Ein Schälchen mit Wasser, ein Stückchen Schwamm und ein Gummiband helfen dir, wenn du eine große Zahl an Umschlägen verschließen musst.

86 FLIESSBAND-VERUMSCHLAGUNG

Damit die Kleinsten nicht im Schlaf aus dem Bett rollen, eine Schwimmnudel als Barriere unter dem Spannbettlaken platzieren.

Mit weiteren Schwimmnudeln und Kissen lässt sich ein kuscheliges Nest bauen.

87

BETTNUDEL

Eine leere Kassettenhülle eignet sich als Halter für das Smartphone oder einen MP3-Player.

88 SMARTE KASSETTE

Mit einem Tackernadel-Entfhefter kannst du Schlüsselringe bequem aufbiegen.

Alle Fingernägel flüstern: „Danke!“

89 NAGELSCHONER

Eine schwer erreichbare Kerze oder ein kurzer Docht lassen sich mit einer angezündeten Spaghetti-Nudel entzünden, ohne dass du dir die Finger verbrennst.

Die Finger bleiben unversehrt, leichtes Naserümpfen lediglich wegen des Geruchs nach verkohltem Nudelteig.

90

STREICHHOLZ-VERLÄNGERUNG

91

IN GRIFFNÄHE

Mit selbstklebendem Klettband lassen sich Fernbedienungen griffbereit und platzsparend an der Seite der Couch oder des Couchtisches befestigen.

Wenn sich der Reißverschluss deiner Hose ständig von selbst öffnet, fädle einen Schlüsselring durch das Griffstück und hänge den Ring nach dem Verschließen über den Hosenknopf.

Mit diesem Trick verlängert sich die Lebensdauer der Lieblingshose außerordentlich.

92

SICHER EINGEHAKT

BÜRSTENHALTER

Spanne Gummibänder in einem Wabenmuster über ein Glas. Fertig ist der Zahnbürsten-Halter, in dem sich die Bürsten nicht berühren.

Damit die Gummibänder nicht vom Glas rutschen, befestige sie mit einem zusätzlichen Gummiband, welches du oben um den Rand des Glases spannst.

Faltige Kleidung lässt sich im Trockner mit einigen Eiswürfeln in nur fünf Minuten glätten.

Um Falten zu vermeiden, hänge deine Wäsche nach dem Waschen sofort auf einen Bügel.

94

FALTENKILLER

95

LOCKENTORNADO

Schneide aus einer Plastiksaftflasche mit großer Öffnung seitlich mit einem Cuttermesser ein Fenster von ca. 5 x 10 cm aus. Nun eine (nicht zu dicke) Haarsträhne anfeuchten, oben durch die Öffnung stecken und schräg in das Fenster hineinföhnen, so dass die Strähne im Luftstrom herumwirbelt. Und Zack! Locken!

Der Kunststoff kann sich durch die Hitze des Föns leicht verformen. Du solltest also mit dem Fön nicht zu nahe an die Flasche herangehen.

96

SAUGZOPF

Pferdeschwanz machen mal anders: Streife einen Haargummi über das Staubsaugerrohr. Den Staubsauger auf eine niedrige Wattzahl stellen und die Haare ins Rohr saugen. Den Haargummi über die Haare streifen – fertig!

Geschwindigkeit: 1+. Hygiene: 2-.

97 SCHUHE WEITEN

Zu enge Schuhe kannst du weiten, indem du drei Paar (dicke) Socken anziehst und die Schuhe mit einem Föhn erwärmst.

Bei etwas zu großen Schuhen probiere es mit halben oder ganzen Einlegesohlen und Gelpolstern für die Fersen.

Eine leere Schachtel von Einwegtaschentüchern an eine volle kleben. Benutzte Taschentücher kannst du so gleich entsorgen.

Das verhindert an verschnupften Tagen, dass Taschentücher herumliegen.

98 TASCHENTUCH-MÜLLEIMER

Nutze ein breites Gummiband, damit eine Tür beim Zufallen nicht schließt.

Bei Türen, bei denen Türgriff und Schnapper nicht auf einer Höhe sind, kannst du dich mit Malerband behelfen.

99 GUMMI-BAND-SPERRE

100 PARK-ASSISTENT

Hänge von der Decke der Garage einen Tennisball an einem Faden auf, der die Windschutzscheibe deines Wagens berührt, wenn du weit genug hineingefahren bist.

Um den Faden zu befestigen, mache einen dicken Knoten in das Fadenende. Schneide einen Schlitz in den Tennisball und stecke den Knoten hinein.

Eine halbe Schwimmnudel an der Garagenwand schützt die Pkw-Tür beim Öffnen.

Die Schwimmnudel mit einem Cutter halbieren und mit doppelseitigem Klebeband an der Wand befestigen.

101 GARAGENWAND-GUMMIERUNG

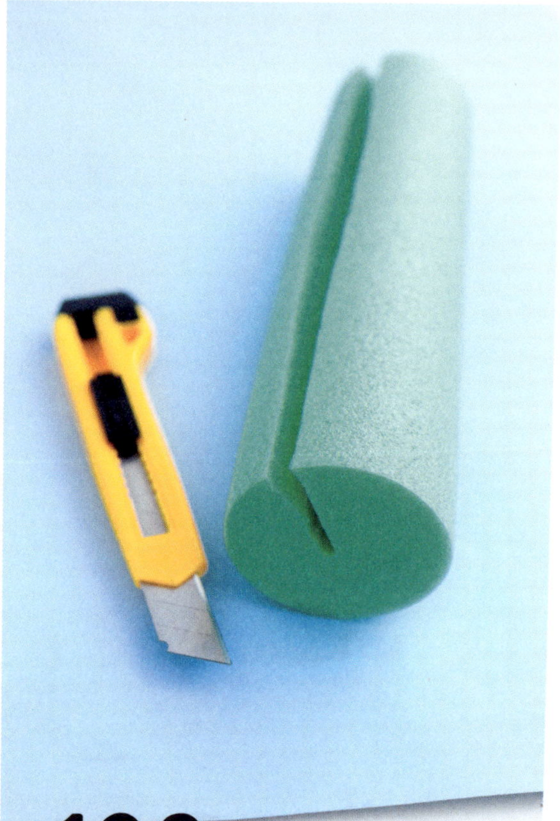

102 TÜRNUDEL

Ein Stück von einer Schwimmnudel längs aufschneiden und an der Tür befestigen.

So sind auch bei einem Windzug kleine Kinderhände vor einer zuschlagenden Tür geschützt.

Den Ersatzschlüssel für die Haustür in ein kleines Döschen oder Schraubglas legen. Den Deckel mit einem Tannenzapfen bekleben. Dann das Döschen einbuddeln, sodass nur der Zapfen herausschaut.

Den Deckel kannst du auch mit einem Stein oder anderen Gegenständen bekleben, falls keine Tanne in der Nähe ist.

103 GUT GETARNT

104 BILDERRAHMEN MIT VERSTECK

Alte Hüllen von VHS-Kassetten kannst du an der Wand befestigen und als Bilderrahmen benutzen.

In der Hülle lassen sich kleine Gegenstände unterbringen.

105

STUHLSOCKEN

Als Parkett- und Laminatschutz ziehe Babysöckchen über die Stuhlbeine.

Handarbeitsbegabte können auch kleine Stuhlsöckchen häkeln oder stricken.

Dosenringe eignen sich zum Aufhängen von Bildern.

Mit zwei Dosenringen, links und rechts am Bild, hast du mehr Kontrolle darüber, ob das Bild gerade hängt.

106

BILDERHAKEN

Eine ausrangierte Kastenreibe lässt sich zu einem dekorativen Schmuckständer umfunktionieren.

Mit ein wenig Sprühlack passt sich die Kastenreibe jeder Umgebung an.

107

SCHMUCKSTÄNDER

108

GESUNDE KERZENHALTER

Ausgehöhltes Obst eignet sich als dekorativer Kerzenständer, der zudem einen angenehmen Duft verbreitet.

Die Früchte nicht zu lange stehenlassen, sondern von Zeit zu Zeit ersetzen.

109 KAFFEEFILTER IM BLUMENTOPF

Ein Stück Kaffeefilter unten im Blumentopf verhindert, dass Erde aus dem Drainageloch rieselt. Überschüssiges Wasser kann dennoch entweichen.

Der Kaffeefilter ist kompostierbar und löst sich mit der Zeit von selbst auf.

110 BLUMENTOPF-STANGE

Eine stabile Metallstange (ausrangierte Gardinenstange) senkrecht in die Erde stecken. Dann Blumentöpfe versetzt auffädeln. Mit Erde befüllen und bepflanzen.

Am Balkongeländer die Metallstange mit Kabelbindern befestigen. Rankende Gewächse können die Metallstange zudem als Kletterhilfe nutzen.

111 DEKO-REGAL

Zeitschriftenhalter seitlich gedreht in eine Zimmerecke schrauben. Etwas unterhalb der gewünschten Oberkante Löcher vorbohren und beim Festschrauben Unterlegscheiben verwenden, damit die Löcher nicht ausreißen.

Einige Tropfen ätherisches Öl von innen auf die Pappe einer Toilettenpapierrolle getropft, sorgen für anhaltenden Duft in Bad und WC.

Durch die Reibung der Papprolle am Toilettenpapierhalter wird immer wieder ein wenig Duft freigesetzt.

112 KLOROLLEN-LUFTERFRISCHER

113

WANDERLEKTÜRE

Zeitungen oder Zeitschriften lassen sich platzsparend mit einem Kleiderbügel aufhängen

So kann die Lektüre beliebig umplatziert werden und ist immer griffbereit.

Nimm einen dünnen Faden doppelt und fädle ihn durch eine leere Kugelschreiber-Hülse. Das gelingt leichter, wenn du ein Stück Draht zu Hilfe nimmst. Auf einer Seite entsteht eine Schlinge, die du auf der anderen Seite festziehen kannst. So lassen sich tote Fliegen und andere Insekten greifen, ohne dass du diese berühren musst.

Aufgepasst: Selbst kürzlich verstorbene Wespen besitzen noch ihren Stich-Reflex!

114 UNGEZIEFER-LASSO

Verstecke einen Geldschein für den Notfall in der Hülle deines Handys.

Das Handy ist meistens dabei – und damit auch der Notgroschen.

115 NOTGROSCHEN

116
FÜNF-STERNE-SERVICE

Stelle deinen Gästen Proben von Kosmetik und Seifen in einem großen Glas zur Verfügung.

Befülle das Glas stets mit dem Gedanken: Über was würde ich mich als Gast freuen?

Basteln und Heimwerken

117

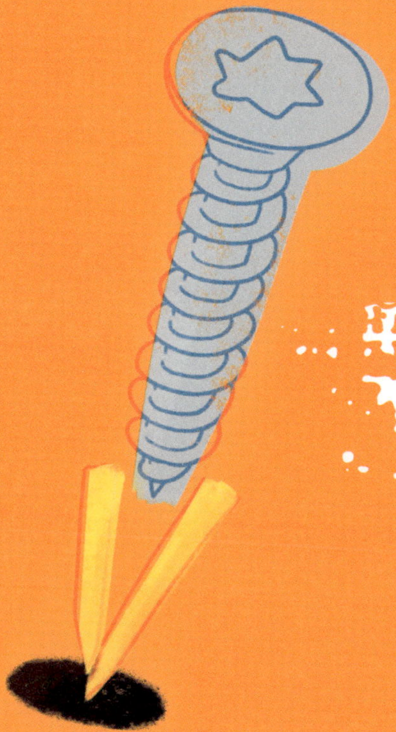

Um durchdrehende Schrauben im Holz zu fixieren, die lockere Schraube entfernen, einige Zahnstocher(stücke) in das Bohrloch stecken und die Schraube wieder einschrauben.

Das Gewinde der Schraube frisst sich in das Holz der Zahnstocher, diese werden nach außen gedrückt und die Schraube hält wieder fest.

118

Ein Kunststoffkorb mit langen Stäben darin hilft, Geschenkbandrollen zu organisieren.

So kannst du die Rollen gleichzeitig abwickeln und aufbewahren.

GESCHENKBAND-KORB

Befestige eine Büroklammer oder einen Brotbeutel-Clip am Klebebandanfang, dann findest du ihn beim nächsten Mal sofort.

Wenn du gerade keinen Gegenstand zur Hand hast, kannst du das Ende des Klebebandes auch einfach umfalten.

119

ANFANGS-MARKIERUNG

120 SAUBERE RÄNDER

Spanne ein breites Gummiband über die Öffnung eines Farbglases oder einer Farbdose, dann kannst du daran den Pinsel abstreifen, ohne den Rand zu beschmieren.

Ein genialer Trick. Vorausgesetzt, man bekommt nach dem Streichen das Gummiband wieder unfallfrei vom Gefäß herunter.

PALETTEN-IMPRO

Für große und kleine Kunstwerke musst du gelegentlich Farben mischen. Für eine improvisierte Farbpalette eignen sich alle Arten von Verpackungen mit einzelnen Vertiefungen, etwa für Pralinen oder Kekse.

Leere, aufgeschnittene Klopapierrollen eignen sich, um Geschenkpapier zusammenzuhalten.

Auch aufgerollte Zeichnungen oder Poster kannst du auf diese Weise platzsparend verwahren.

122

ROLLENHALTER

123 FARBRESTE ADE!

Lege die Farbwanne vor dem Gebrauch eng mit Alufolie aus. Nach dem Streichen kannst du die Folie mitsamt der Restfarbe entsorgen.

So lässt sich die Farbwanne beliebig oft und mit unterschiedlichen Farben wiederverwenden, ohne dass du sie putzen musst.

124

HÄNGENDE GLÄSER

Befestige eine Magnetleiste (Küchenbedarf) unter einem Hängeschrank, dann kannst du Gläser mit Metalldeckeln anhängen.

Im Bad lassen sich Nagelfeile, Schere, Haarklammern und Pinzette an einer Magnetleiste aufbewahren.

125

LEUCHTSTEINE

Mit Leuchtfarbe bemalte Kieselsteine sind eine ungewöhnliche Gartendekoration.

Mit den Leuchtsteinen kannst du einen Weg markieren.

126 KARTON-STEMPEL

Zerschneide einen Milch- oder Saftkarton und ritze mit einem spitzen Bleistift Motive in die Oberfläche. Anschließend reibst du Farbe in die Vertiefungen und putzt die die überschüssige Farbe ab. Nun kannst du das Motiv mit einer Flasche oder einem Farbroller auf ein Stück Pappe oder Papier drucken.

Mit leicht angefeuchtetem Papier wird die Farbe besonders gut übertragen.

Ein Weinglas mit abgebrochenem Fuß kannst du mit etwas lufttrocknender Modelliermasse zu einer kleinen Käseglocke oder einem Mini-Gewächshaus umfunktionieren.

So verfliegt der Ärger über ein versehentlich zerstörtes Glas und man erhält ein individuelles Schmuckstück für den Esstisch oder die Fensterbank.

127 STILVOLL ÜBERDACHT

Mit einer handelsüblichen Plastikflasche, buntem Papier und etwas Klebeband lässt sich ein süßes Sparschwein basteln. Den Münzschlitz kannst du mit einem scharfen Cuttermesser hineinschneiden. Noch besser funktioniert es, wenn du die Klinge vorher über einer Kerze zum Glühen bringst.

Sollte deine Plastikflasche zu lang für die typische Schweinform sein, kannst du auch einfach den Hals und den Boden der Flasche abschneiden, das Mittelteil herausnehmen und die Teile mit Klebeband wieder zusammensetzen. Eine dekorative Papierbanderole lässt die Naht verschwinden.

128 FLASCHENSCHWEIN

129

KÜHLSCHRANKTASTEN

Aus den Tasten einer ausgedienten Computertastatur, Klebstoff und Magneten lassen sich originelle Kühlschrankmagneten basteln.

Das Kleben geht ganz schnell mit Sekundenkleber.

Eine dekorative und beliebig erweiterbare Pinnwand erhältst du mit Untersetzern aus Kork. Nach Belieben vor dem Anbringen mit Bastelfarbe bemalen.

Fleißige Sammler können sich eine Pinnwand aus Flaschenkorken zusammensetzen.

130

KORKWAND

Alte Fensterläden oder eine Lamellentür sind ein ideales Ablagefach für Zeitschriften und Grußkarten.

Mit etwas Sprühlack lässt sich auch ein verwitterter Fensterladen in ein modernes Designerstück verwandeln.

131 ZEITSCHRIFTENLADEN

132 MILCH-BÖRSE

Aus einem leeren Milch- oder Saftkarton lässt sich eine originelle Geldbörse basteln. Den Milchkarton zuschneiden. Alle Linien mit Lineal und Scherenspitze nachziehen und wie abgebildet vor bzw. zurück falten. Die Form zusammendrücken und mit der Verschlusskappe schließen.

Die Bastelei funktioniert ohne Klebstoff. Du kannst aber ein Trennfach in der Mitte einkleben.

Klappe ein altes Buch auf und schneide vorsichtig mit einem Cuttermesser ein Rechteck aus jeder Seite. So erhältst du ein praktisches Geheimversteck.

Um die Seiten zu verkleben, trage Leim auf der Innenseite des Geheimfaches auf.

133

GEHEIMVERSTECK

Aus einem Tennisball wird ein lustiger Halter für Briefe, Schlüssel, Geschirrtücher und Kleidung. Mit einem Cutter einen Schlitz als Mund in den Ball schneiden. Durch die Öffnung den Ball an die Wand oder ein Möbelstück schrauben. Abschließend die Augen aufmalen oder Wackelaugen aufkleben.

Vier Tennisbälle, in die jeweils ein Loch geschnitten wird, eignen sich als Stuhlbein-Schoner.

134

BALLJUNGE

Einen gebrauchten Karton entlang der Falzung in die entgegengesetzte Richtung falten, um einen sauberen, neuen Karton zu erhalten.

Die meisten Kartons sind von innen unbedruckt, warum also nicht ihr Innerstes nach außen kehren?

135 WENDE-PAKET

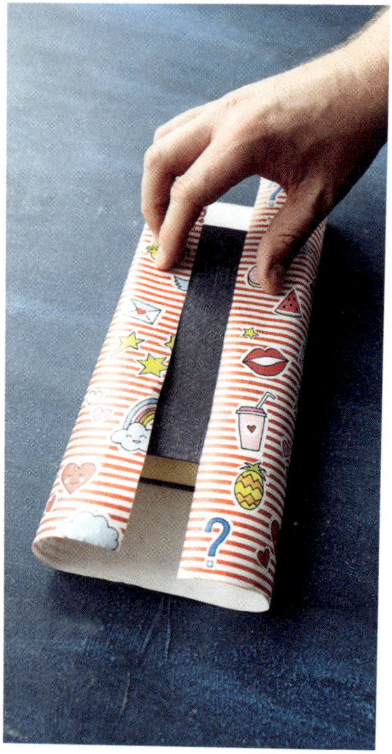

Wenn du das Präsent diagonal auf das Papier legst, kannst du das Geschenk meist trotzdem einpacken. Wichtig ist dabei nur, dass das Geschenkpapier über die oberen Ecken des Gegenstandes reicht.

Beginne an einer Seite mit dem Einwickeln und wickle anschließend nicht die gegenüberliegende, sondern direkt die nächste Seite ein.

Wenn du gestreiftes Papier verwendest, sieht das schief gewickelte Geschenk besonders hübsch aus.

136

ECHT SCHRÄG

Sicher ist es dir auch schon einmal passiert, dass du zum Verpacken eines Geschenks ein etwas zu kurzes Stück Geschenkpapier abgeschnitten hast.

Vor dem Verpacken eines Geschenkes den Papierbogen im Zickzack falten, sodass eine breite Faltung entsteht (hier 5 cm). Dabei unten ausreichend Papier zum Einwickeln stehen lassen. Das Geschenk einwickeln und Glückwunschkarte, Foto oder Brief einstecken.

Zweifarbiges Geschenkpapier knapp umfalten, um eine gerade Kante zu erhalten, und dann einmal nach oben falten. So ist die andersfarbige Rückseite sichtbar.

137

EINSTECKTASCHE

Klebe eine kleine Figur mit Heißkleber in den Deckel eines Schraubglases. Gib in das gereinigte Glas 1 TL Glitzerpartikel aus dem Bastelbedarf und fülle das Glas bis zum Rand mit Wasser auf. Schraube nun den Deckel mit der Figur auf das Glas. Achtung: Da die Figur Wasser verdrängt, wird das Glas etwas überlaufen. Stelle es also beim Zuschrauben am besten auf ein Tuch.

Wenn die Glitzerpartikel vor dem Zuschrauben an der Wasseroberfläche schwimmen, kannst du etwas Spülmittel ins Wasser geben: Das bricht die Oberflächenspannung des Wassers. Aber nicht zu viel Spülmittel verwenden, sonst schäumt das Wasser beim Schütteln!

138

DIY-GLITZERSCHNEE

139 SEIFENSCHLANGEN

Schneide den Boden einer Plastikflasche ab und stülpe eine alte Socke über die Öffnung. Tauche dann den so „besockten" Flaschenboden in Seifenlauge und puste gleichmäßig in die Flasche. So kreierst du lange Schlangen aus Seifenblasen.

Den Spaß solltest du nur im Freien ausprobieren, da es eine ziemliche Sauerei ist. Als Wettbewerb könntet ihr auf der nächsten Gartenparty probieren, wer die längsten Schlangen hin bekommt.

140

MAG(NET)ISCH

Vermische einen Teil Farbe oder Lack mit einem Teil Metallpulver. Flächen, auf die du diese Farbmischung aufträgst, kannst du anschließend mit Magneten bestücken.

Achtung: In Farben auf Wasserbasis kann das Eisenpulver rosten. Das verändert über die Zeit die Farbe und kann sich auf den bemalten Untergrund auswirken. Magnete haften aber trotzdem auf der bemalten Fläche.

141

KNET MAL WIEDER

Gib ca. 100 ml lösungsmittelfreien Flüssigkleber in eine große Schüssel aus Keramik oder Metall, dazu 1 Messerspitze Natron und Lebensmittelfarbe.

Rühre das Ganze mit einem Löffel gut durch.

Gib anschließend einige Spritzer Kombilösung für Kontaktlinsen hinzu. Diese aktiviert den Kleber und die Mischung beginnt sich unter Rühren zu verfestigen.

Wenn du die Mischung mit der Hand aus der Schüssel nehmen kannst, dann geht's erst richtig los! Knete die Mischung mit den Händen weiter durch und gib bei Bedarf einige weitere Tropfen Kombilösung dazu, bis sich die Pampe von Kleber über Schleim zu Knete verwandelt. Die fertige Knete klebt nicht mehr, riecht nicht und lässt sich rückstandslos von den Händen und der Schüssel lösen.

Nach dem Spielen gründlich die Hände waschen! In einem Schraubglas härtet die Knete nicht aus, sondern bleibt wochenlang weich und verwendbar.

Selbstgemachte Rubbellose sind besser als keine Rubbellose!

Schreibe oder drucke die Gewinne wie hier auf buntes Papier.

... und beklebe dieses vollflächig mit breitem Klebeband. Schneide dann die Lose aus.

Bemale das Klebeband auf dem Papier anschließend mit Acrylfarbe deiner Wahl. Möglicherweise musst du zwei bis drei Schichten auftragen, bevor die Preise völlig verdeckt sind. Und dann nur noch gut trocknen lassen!

Vermische die Acrylfarbe vor dem Auftragen mit etwas Spülmittel, dann lässt sie sich deutlich besser abrubbeln.

142 FIXE LOSE

143 SPASS MIT MASS

Für selbstrollende Armbänder benötigst du nicht mehr als ein Metall-Maßband, eine Schere und buntes Klebeband. Schneide mit der Schere zuerst ein Stück Maßband in der gewünschten Länge ab und runde die Ecken ab. Das Maßband bleibt dank seiner Wölbung in U-Form ausgezogen gerade. Damit es sich aufrollt, musst du nun das Band entlang der Unterseite eng über einen runden Stab, z. B. einen dicken Schraubenzieher oder ein Essstäbchen, biegen. (Den Stab zum Biegen eventuell in einen Schraubstock einspannen oder von einer zweiten Person festhalten lassen.) Zuletzt beklebst du das Armband von beiden Seiten nach Belieben mit buntem Klebeband.
Achtung: Biegst du zu viel, dann bleibt das Metallband nicht gerade, wenn du es ausrollst. Biegst du zu wenig, dann rollt es sich nicht zusammen.

Ein 3-Meter-Maßband kostet im Baumarkt wenige Euro und ergibt viele, viele, viele Armbänder. Das Metallband lässt sich problemlos mit einer stabilen Schere schneiden, pass aber auf, dass du dich nicht am Metall schneidest: Die Ecken und Kanten sind extrem scharf!

144

DOSEN-SPITZER

Klebe einen Anspitzer mit Heiß- oder Kraftkleber an die Seite einer kleinen Dose. Da sich die Späne in der Dose sammeln, kannst du so auch unterwegs oder in der Schule immer sauber spitzen.

Statt einer Dose kannst du auch eine Ü-Ei-Kapsel verwenden. Hierzu einfach ein großes Loch in die Oberseite der Kapsel bohren und den Anspitzer von innen hineinkleben.

Mit einem Tropfen Sekunden- oder Alleskleber Magnete an der Rückseite von Blechdosen befestigen und an der Magnettafel oder dem Kühlschrank befestigen.

145

MAGNET-CONTAINER

146

TACKERN OHNE TACKER

Keinen Tacker zur Hand? So kannst du Papier auch ohne zusammenfassen.

1. **Die Blätter an der Ecke umfalten und zweimal einschneiden.**
2. **Den eingeschnittenen Teil flachdrücken.**
3. **Dann die Laschen vorne und hinten zum Blatt falten.**
4. **Hält.**

147

SCHWEBENDE BÜCHER

Einen Metallwinkel mit Alles- oder Sekundenkleber an die Innenseite des hinteren Buchdeckels kleben und an die Wand schrauben. Nun können Dekorationen oder andere Bücher auf dem Bücherregal platziert werden.

Funktioniert mit gebundenen Büchern ebenso wie mit Taschenbüchern.

148 KABELKNOTEN

Kabel und Verlängerungskabel kannst du mit einer einfachen Schlaufe davor bewahren, sich bei leichtem Zug voneinander zu trennen.

Übertreibe es mit der Belastbarkeit des Knotens aber nicht. Bei starkem Zug könnte das Kabel beschädigt werden.

Um zu testen, ob Batterien voll oder leer sind, lass sie auf den Tisch fallen. Wenn sie nach dem Aufprall nur einmal kurz hochspringen, dann sind sie geladen, wenn sie mehrfach hüpfen, sind sie eher leer.

Denk dran: Akkus sind in der Anschaffung zwar teurer als Batterien, sparen bei häufigem Gebrauch aber Geld und schonen die Umwelt.

149 BATTERIETEST

Mit einer Wäscheklammer kannst du deine Finger beim Einschlagen eines Nagels schützen.

Dieser Trick hilft auch, den Nagel besonders gerade einzuschlagen.

150

DAUMEN-SCHONER

151
NAGELHALTER

Dünne Nägel kannst du mit einem Kamm halten, um die eigenen Finger zu schonen.

Auf diese Weise kannst du auch mehrere Nägel in gleichmäßigen Abständen platzieren.

152 ZAHNPASTA-MARKIERUNG

Mit einem Klecks Zahnpasta lassen sich die Aufhängepunkte am Bilderrahmen markieren. Den Rahmen in der gewünschten Position an die Wand drücken. Dort, wo die Abdrücke der Zahnpasta sind, die Haken anbringen.

Bunte Zahnpasta funktioniert besser als weiße.

153

ZAUBERNUSS

Kleine Kratzer und Schrammen in Holzmöbeln lassen sich mit einem Walnusskern wegrubbeln.

Eine gefaltete Haftnotiz an der Wand kann den anfallenden Staub beim Bohren auffangen.

Nur bei kleinen, nicht sehr tiefen Löchern zu empfehlen.

154

BOHRSTAUBFÄNGER

Miss die benötigte Tiefe deines Bohrloches von der Spitze des Bohrers ab und klebe an dieser Stelle ein Stück Isolierband um den Bohrer. Wenn du nun bis zum Isolierband bohrst, weißt du genau, wie tief dein Bohrloch ist.

Endlich vorbei sind die Zeiten, in denen du die Dübel bis zum Nachbarn durch die Wand jagst.

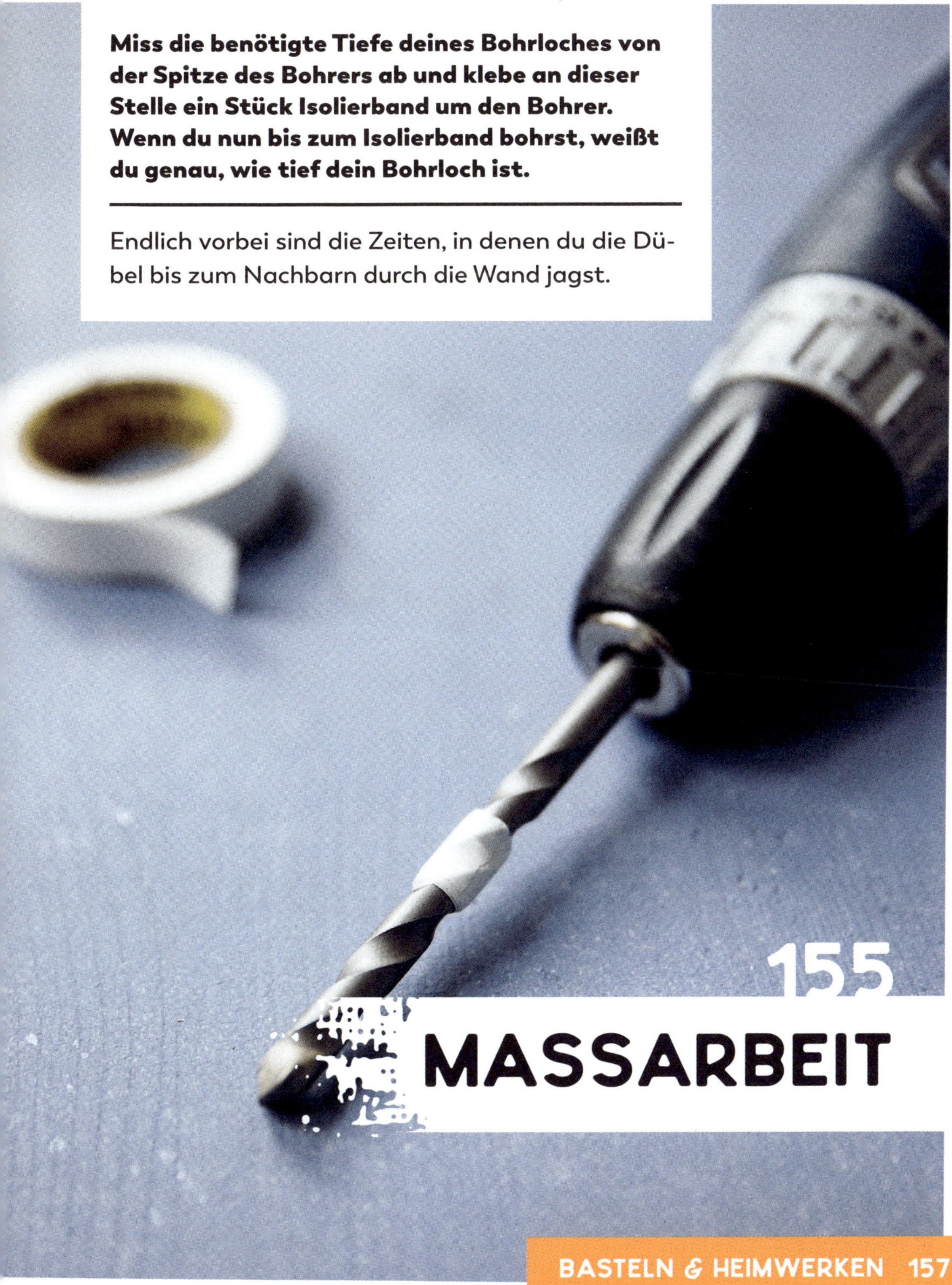

155 MASSARBEIT

Ein Loch, das etwa von einem entfernten Nagel in der Tapete verbleibt, lässt sich mit etwas weißer Zahnpasta verschließen. So musst du nicht die ganze Wand neu tapezieren oder streichen.

156

ZAHNPASTA-FÜLLUNG

157

HAMMER HALTER

Klebe einen starken Magneten an die Unterseite eines Hammergriffs. So kannst du dort Nägel aufbewahren, die du zum Hammern benötigst.

Möchtest du etwas an der Wand aufhängen, das mehrere Aufhängepunkte an der Rückseite hat, mache eine Fotokopie von der Rückseite und verwende diese als Bohrschablone.

Du kannst direkt durch die Kopie bohren, wenn du diese mit Malerband in der richtigen Position an der Wand fixierst.

158

BOHRSCHABLONE

Ein breites Gummiband zwischen Schraubenkopf und Schraubendreher erleichtert das Herausdrehen von Schrauben mit beschädigten Köpfen.

Wenn auch das nicht hilft, mit einer Mini-Kreissäge einen neuen Schlitz in den Schraubkopf fräsen und die Schraube normal herausdrehen.

159

SCHRAUBENFIX

160

FEUERZEUG-LÖTKOLBEN

Biege mithilfe einer kleinen Zange ein Stück festen Draht zu einer Spirale mit ca. 1 cm geraden Enden oben und unten.

Klebe nun den Draht mit Isolierband an die Vorderseite eines Feuerzeugs. Mit der Flamme des Feuerzeugs kannst du den Draht erhitzen und den heißen Draht als improvisierten Lötkolben verwenden.

Um Bilderrahmen mit zwei Haken aufzuhängen, miss mit Malerband oder Papier-Klebeband die Länge zwischen den Löchern ab. Dann mit der Wasserwaage einen Bleistiftstrich in der gewünschten Höhe ziehen und das Malerband auf den Strich kleben. An den Bandenden die Löcher bohren.

161 IM LOT

Ein mehrfach gefaltetes Blatt Papier kann als Zwischenablage für Schrauben dienen, wenn du Möbel oder Geräte demontierst. Unterschiedliche Sorten von Schrauben können zudem mit Beschriftungen versehen werden.

Willst du die Montage später fortsetzen, solltest du die Schrauben und Kleinteile in kleine Dosen umlagern.

162

SORTIERHILFE

Whiteboard-Marker kannst du zum Beschriften von Glas verwenden. Die Notizen sind rückstandsfrei abwischbar.

163 GLASMALER

164

GARDEROBEN-STÄNDER

Ein paar Vierkanthölzer (hier 2 Meter lang), etwas Draht und ein Schal genügen, um diesen Garderobenständer zu errichten. Die Hölzer aufstellen, eng mit Draht umwickeln und den Schal umbinden.

Mehr Aufhängemöglichkeiten erhältst du, wenn du mehr Stäbe verwendest.

Arbeit & Studium

Mit einer Haftnotiz kannst du Staub und Krümel zwischen den Tasten einer Tastatur hervorholen.

Groben Schmutz entfernst du, indem du die Tastatur umgedreht über dem Spülbecken ausschüttelst.

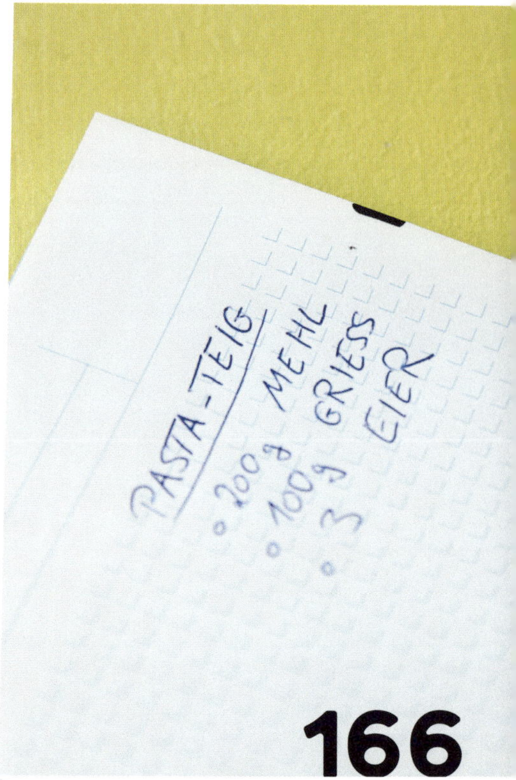

166 CLEVERES NOTIEREN

Um dein Notizbuch zu kategorisieren, beginne auf der letzten linken Seite des Buches und schreibe alle Themen untereinander. Wenn du nun etwas zu einem der Themen in dein Buch einträgst, markierst du diesen Eintrag an der Seite des Blattes. Wenn du das Buch zuklappst, siehst du ganz genau, auf welchen Seiten Einträge zu welchen Themen vorhanden sind. So findest du blitzschnell alle Einträge zu einem Thema wieder.

Je dicker das Papier und je auffälliger der Stift ist, desto besser funktioniert der Trick.

Um eine Notiz unkenntlich zu machen, schreibe mehrfach zufällige Buchstaben darüber oder male Kringel. Die Notiz ist deutlich schwieriger zu entziffern als durchgestrichener Text.

Von internationalen Geheimagenten empfohlen.

167

UNLESERLICH

168

LESEPFEIL

Schneide einen Pfeil aus Pappe oder Kunststofffolie aus und klebe ihn auf eine Büroklammer. Fertig ist das zeilengenaue Lesezeichen.

Auch die Position einer notwendigen Unterschrift auf Dokumenten lässt sich durch den Pfeil markieren.

169

ESELS-BRÜCKE

Zähle die Anzahl der Tage eines Monats an den Erhöhungen und Vertiefungen deiner Fingerknöchel ab. Erhöhungen haben 31, Vertiefungen 30 Tage (außer der Februar mit 28 oder 29 Tagen).

Funktioniert auch an nur einer Hand, wenn du ab August wieder von vorn beginnst.

170

MOTIVATIONSHILFE

Platziere kleine Süßigkeiten auf den Absätzen eines schwierigen Textes. Wenn du den Absatz gelesen hast, darfst du naschen.

Verwende nur Süßigkeiten, die keine Spuren auf dem Papier hinterlassen.

171 KAFFEE-WECKER

Am Rand eines Papp- oder Plastikbechers einen kleinen Pfeil aufmalen. Auf einen zweiten Becher rundherum am Rand Uhrzeiten schreiben. Den ersten auf den zweiten Becher stecken. So lässt sich die Uhrzeit markieren, wann der Kaffee gekocht wurde.

Diese Becheruhr lässt sich auch für die Markierung anderer Uhrzeiten oder Ereignisse einsetzen.

172

CD-VERPACKUNG

1

2

3

Mit wenigen Handgriffen kannst du aus einem Blatt Papier eine CD-Hülle falten.

1. **Die Kanten auf CD-Breite nach innen falten.**

2. **Die oberen Ecken umklappen. Die Unterkante in halber CD-Höhe nach oben falten.**

3. **Den Umschlag in den Schlitz stecken.**

4. **Fertig!**

173

KARTENHALTER

Mit einer Metallfeder kannst du Postkarten und Briefe auf dem Schreibtisch aufstellen.

Je größer der Gegenstand, desto größer muss die Feder sein. Kugelschreiberfedern eignen sich für Visitenkarten.

174 KLAMMERLEINE

Fädle Wäscheklammern durch ihre Metallfeder auf eine Schnur auf. Die Schnur kannst du an die Wand hängen oder quer durch den Raum spannen und Visitenkarten, Fotos, Notizen oder kleine Gegenstände griffbereit daran hängen.

Stülpe eine hübsche, bunte Socke um ein Glas, um einen dekorativen Stiftebehälter zu erhalten.

So kannst du vereinsamte Socken einem neuen Zweck zuführen.

175 SOCKENGLAS

Ein Gewürzregal auf dem Schreibtisch eignet sich zur Organisation von kleinen Büroartikeln.

Auch in der Küche lassen sich neben Gewürzen kleine Gegenstände, wie Verschlüsse oder Gummibänder, darin aufbewahren.

176 BÜROMATERIALLAGER

Eine handelsübliche Büroklammer kannst du mit wenigen Handgriffen zu einer Sicherheitsnadel verbiegen.

1. Nach oben …
2. … dann nach unten biegen.
3. Das kurze Stück mittig zur Seite biegen.
4. Die Hälfte davon aufstellen …
5. … und zur Schließe flach nach unten drücken.
6. Den Draht unterhaken.

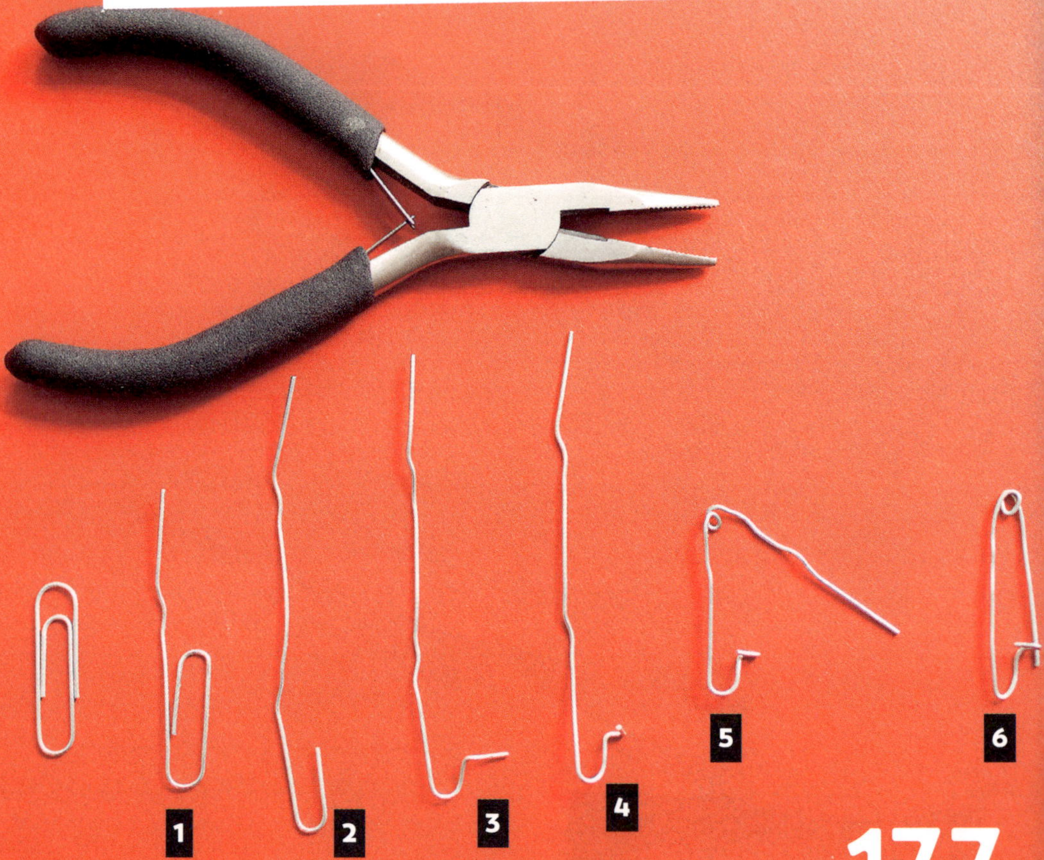

177

SICHERHEITS-KLAMMER

178 ORDNUNG IM ROLLCONTAINER

Aus leeren Müslikartons lassen sich praktische Einlegefächer für Schubladen basteln.

So verrutscht selbst in tiefen Rollcontainer-Schubladen nichts mehr.

Loche Visitenkarten an der Ecke und fädele sie auf einen Schlüsselring auf.

Mit Karteikarten lässt sich nach dem gleichen Prinzip ein individueller Notizblock herstellen.

179

RING-BUCH

180

JOBFIT

Kombiniere ein Tablett mit einem Heimtrainer, um Körper und Geist gleichzeitig zu trainieren. Um den Griff gebundene Socken sorgen dafür, dass das Tablett nicht abrutscht.

Auch vor dem Fernseher lassen sich während deiner Lieblingssendung ein paar Kilometer zurücklegen.

181

MINI-ZEN-GARTEN

Fülle Bastelsand in einen breiten Bilderrahmen. Lege nun Steine in den Sand und harke mit einer Gabel oder einem Rückenkratzer (Abbildung) vorsichtig um die Steine.

In Japan heißt der Steingarten „Kare-san-sui“, das Harken dient der Meditation und Entspannung.

182

LAPTOP-HITZESCHUTZ

Laptops können leicht überhitzen, wenn die abgegebene Luft nicht einwandfrei entweichen kann. Zum Kühlen eines Laptops stelle ihn einfach auf einen Eierkarton.

Wegen eines möglichen Luftstaus sollte man es auch vermeiden, Laptops auf einem Kissen oder einer Decke auf dem Schoß zu haben.

183

BLITZEBLANKER BILDSCHIRM

Verwende einen Teefilter zum Staubwischen.

So hast du immer klare Sicht auf Fernseher oder Computer-Monitor.

Abgebrochene Tastaturfüße kannst du durch Teile von Vielzweckklammern ersetzen.

So lässt sich auf einfache Art die Ergonomie am Arbeitsplatz verbessern. Ab und zu eine Pause machen, aufstehen und die Hände ausschütteln trotzdem nicht vergessen!

184 NEUE FÜSSE

185

RUTSCH-SICHERUNG

Ein breites Gummiband um ein Netzteil gewickelt hindert es am Herunterrutschen vom Tisch.

Mehrere Gummibänder überkreuz dienen zusätzlich als Stoßdämpfer, falls das Netzteil doch einmal vom Tisch rutschen sollte.

KABELHALTER

Kabel lassen sich mit Vielzweckklammern an der Tischkante oder an Regalbrettern befestigen und sind damit sofort griffbereit.

Es gibt auch große Vielzweckklammern für dickere Tischplatten.

Die Feder eines Kugelschreibers hilft zu verhindern, dass dünne Kabel am Stecker zu stark beansprucht werden.

Die übrig gebliebene Kugelschreiber-Hülle lässt sich zu einem Ungeziefer-Lasso umfunktionieren (siehe Hack 114).

187

STÜTZSTRUMPF FÜRS KABEL

Ein Smartphone ist absolut lautlos, wenn man an den Kopfhörereingang einen abgeschnittenen Klinkenstecker von einem ausrangierten Kopfhörer einsteckt.

Auch andere Geräte mit Kopfhörerausgang lassen sich so zuverlässig ruhigstellen.

188

MUCKSMÄUSCHENSTILL

189

HANDY-STAFFELEI

So baust du aus fünf Stiften und vier Gummibändern eine kleine Halterung für das Smartphone.

Auf der Mini-Staffelei lassen sich auch kleine Bilder präsentieren.

Das Gitter von einem PC-Lüfter mit Muttern und vier Stiftschrauben zusammensetzen. Ein Teelicht darunterstellen – fertig ist das Stövchen im Tassenformat.

Vorsicht, Verbrennungsgefahr! Durch das Teelicht wird das Stövchen sehr heiß. Um Brandflecken zu vermeiden, stelle das Stövchen auf eine Untertasse.

190 TASSEN-WÄRMER

191 RAUS MIT DIR!

Stelle eine Playlist zusammen, deren Gesamtdauer so lang wie die Zeit ist, die dir morgens zur Verfügung steht. Beginne mit ruhigen Liedern und lasse zunehmend energetischere Songs folgen.

Mit der Zeit entwickelst du ein Gespür dafür, wie viel Zeit du noch hast.

Mit einem Glätteisen kann man nicht nur Haare, sondern auch schrumpelige und verbogene Hemd- und Blusenkragen glätten.

192 KRAGEN GLÄTTEN

Spiel und Spaß

Mit Kreppklebeband lässt sich auch in der Wohnung ein Spielfeld auf den Fußboden kleben.

Wieder einen Schritt näher am Preis „Coolste Eltern der Welt".

194

BEULE WEGZAUBERN

Tischtennisbälle mit einer Delle vorsichtig mit dem Föhn erwärmen. Das Gas im Ball dehnt sich aus und drückt die Delle heraus.

Halte den Ball beim Föhnen gut fest. Wer hitzeempfindliche Finger hat, verwendet eine Küchenzange.

195

WERBEBLOCKER

Wenn du Spiele auf dem Smartphone ohne Werbeeinblendungen spielen möchtest, schalte es in den Flugmodus.

Die meisten Werbebanner benötigen Internetzugang, um angezeigt werden zu können. Kein Internet bedeutet keine Werbung.

HOSEN-TASCHEN-STATIV

Aus einer Stativschraube und einer stabilen Schnur kannst du ein Stativ für die Hosentasche bauen. Stell dich breitbeinig auf die Schnur. Die beiden Enden müssen bis zu der Höhe reichen, auf der du fotografieren möchtest. Die Enden an die Schraube knoten. Die Schraube in das Stativgewinde der Kamera drehen.

Wenn du die Schnur durch leichten Zug nach oben spannst, hast du eine stabile Kameraposition und kannst zudem frei zu den Seiten schwenken.

Du brauchst eine Kamera mit Zeitraffer-Funktion, einen Küchentimer, eine Stativschraube und Sekundenkleber. Klebe die Schraube mittig auf den Timer und schraube die Kamera auf. Platziere das Gerät dann an einem Ort mit gutem Rundumblick, drehe die Eieruhr auf maximale Laufzeit und startet die Zeitrafferaufnahme.

197

IM ZEITRAFFER

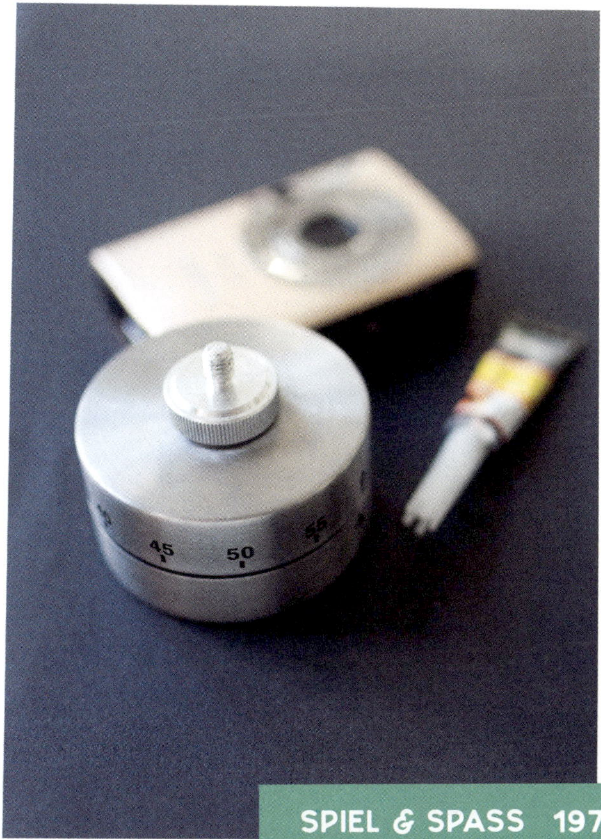

198

TROPFFREIER KÜHLPACK

Ein gefrorener, feuchter Schwamm in einem Kunststoffbeutel verhindert, dass der Kühlpack beim Schmelzen tropft oder ausläuft.

Der Schwamm schmiegt sich schön an die zu kühlende Stelle an.

Ein trockener Teebeutel über Nacht in einem müffelnden Schuh entfernt den Geruch.

Auch Katzenstreu wird nachgesagt, die Feuchtigkeit und den Geruch aus Schuhen entfernen zu können. Einfach in ein Stück Nylonstrumpf füllen, verknoten und mindestens eine Nacht im Schuh lassen.

199 FRISCHE SCHUHE

200

BLEISTIFT-WÜRFEL

Würfel vergessen? Kein Problem: Viele Bleistifte haben sechs Seiten – wie Würfel. Beschrifte die Seiten mit Punkten oder Zahlen, dann kannst du mit dem Bleistift würfeln.

Zum Würfeln den Bleistift auf den Tisch legen und mit dem Finger schnipsen oder zwischen die Handflächen nehmen und mit einem Wisch auf den Tisch rollen.

201

REISE-WÜRFELSPIEL

Damit die Würfel unterwegs nicht herunterfallen, verpacke sie in eine kleine, transparente Frischhaltedose. Zum Würfeln die Dose schütteln und die Würfel auf den Deckel fallen lassen.

Gut geeignet für lange Autofahrten oder Spielrunden im Freien.

FANG DEN BALL

Schneide den oberen Teil einer Plastikflasche ab und bohre ein Loch in den Schraubdeckel. Fädele eine Schnur durch das Loch und verknote sie. An das andere Ende der Schnur knotest oder klebst du einen Tischtennisball. Und los geht's: Wem gelingt es, den Ball mit der Flasche aufzufangen?

Je länger die Schnur ist, desto anspruchsvoller wird das Spiel. Experten spielen übrigens mit Bowlingkugel und Schnapsglas.

203

BECHER-KANONE

Schneide mit dem Cutter den Boden von einem Pappbecher ab. Verknote einen Luftballon und schneide ihn in der Mitte durch. Stülpe den Luftballon dann über die untere Öffnung des Bechers und fixiere ihn mit Klebefilm. Durch Zug am Knoten kannst du leichte Dinge wie Popcorn, Erdnussflips oder Marshmallows aus dem Becher schießen.

204

BALLONRAKETE

Spanne einen Faden durch den Raum und fädle einen Trinkhalm auf. Dann befestige mit Klebefilm einen aufgeblasenen, aber nicht verknoteten Luftballon am Trinkhalm. Lässt du nun die Luft aus dem Ballon entweichen, schießt der Luftballon an der Schnur entlang durch den Raum.

Durch den Luftstrom kann der Ballon auch Steigungen überwinden und sogar senkrecht starten.

205

MARSH-MÄNNCHEN

Aus Marshmallows und Zahnstochern oder Schaschlikspießen lassen sich witzige Männchen und kunstvolle Gebilde anfertigen.

206

PUPPEN-YOGA-OUTFIT

Puppen-Outfits lassen sich super aus Gummihandschuhen herstellen. Für eine Leggins etwa schneidest du den Zeige- und Mittelfinger so heraus, dass sie oben noch zusammenhängen. Dann die Fingerspitzen abschneiden, und schon ist die Puppe fertig für ihre Yogastunde.

Aus dem Daumen lässt sich je nach Größe auch noch ein Top basteln, und Gürtel und Stirnband sind auch schnell zugeschnitten.

207

DOSENSTELZEN

Aus zwei großen Konservendosen und zwei langen Schnüren kannst du Stelzen basteln. Einfach nahe am Dosenboden zwei einander gegenüberliegende Löcher in die Dosen schlagen oder bohren, die Fäden durchführen und gut verknoten.

Achte auf stabile Schnur und dicke Knoten, damit die Schnur beim Herumlaufen nicht reißt.

Mit bunten Sprühfarben für die Haare kannst du ein Spielfeld auf den Rasen zeichnen.

Auch Brettspiele können so auf den Rasen gesprüht werden. Ein großes Loch in ein Stück Pappe geschnitten kann als Sprühschablone dienen.

208

RASENSPASS

Aus Pappe, buntem Papier und dem Deckel einer Deoflasche lässt sich eine Minigolf-Bahn bauen. Das Fähnchen an eine eng aufgewickelte Papierrolle oder ein Holzstäbchen kleben. Geschnipst wird die Murmel mit dem Finger. Wer kommt mit den wenigsten Versuchen ans Ziel?

Für ein noch echteres Golf-Gefühl kann man die Murmel statt mit dem Finger auch mit einem Kochlöffel abschlagen.

209

MURMELGOLF

210 FLASCHEN-BOWLING

Kleine Kunststoffflaschen mit Wasser und Lebensmittelfarbe füllen, fertig sind die Kegelfiguren.

Als Bowlingkugel dient ein normaler Ball. So kannst du auch Fußballbowling spielen.

Eine Schraube (oder einen Nagel) mittig durch den Boden eines Holzkästchen drehen. Geworfen wird mit großen Unterlegscheiben. Ziel ist es, die Scheibe auf die herausragende Spitze zu werfen.

211

PORTABLES HUFEISENWERFEN

Mit Papptellern kannst du auf Betonwegplatten spielen.

Auf die Pappteller lassen sich auch Schachfiguren zeichnen.

212

OUTDOOR-RIESENSPIEL

Klebe zwei Papierstreifen um einen Eisstiel. Spanne ein Gummiband über einen zweiten Stiel (hier unten liegend) und lege beide Eisstiele aufeinander. Befestige alles mit Klebeband oder zwei Gummibändern an den Seiten.

Durch Pusten zwischen die Eisstiele wird das Gummiband in Schwingung versetzt und erzeugt einen pfeifenden Ton.

213

EISSTIEL-PFEIFE

214

GEHEIMTINTE

Zitronensaft eignet sich als Geheimtinte auf Papier. Die Botschaft lässt sich über einer Kerze oder durch Bügeln entschlüsseln.

Kinder sollten nicht allein mit Kerzen oder dem Bügeleisen hantieren.

Ein Blatt Papier in einen Schuhkarton-Deckel kleben, Farbe auf das Blatt klecksen und einige Murmeln in den Deckel legen. Durch Hin- und Herschwenken des Deckels entstehen fantasievolle Unikate.

215 MURMEL-GEMÄLDE

Klebe ein Foto auf Eisstiele und schneide es mit einem scharfen Messer in Streifen. – Fertig ist ein einfaches Puzzle mit persönlichem Charme.

Wenn du auf beiden Seiten der Stiele Fotostreifen aufklebst, wird das Spiel etwas schwieriger.

216

EISSTIEL-PUZZLE

217

MURMEL-LABYRINTH

Mit Pappe, Fotokarton, Kleber, einer Murmel und etwas Fantasie lässt sich ein schönes Geschicklichkeitsspiel basteln.

Als Hindernisse kannst du auch Strohhalme aufkleben.

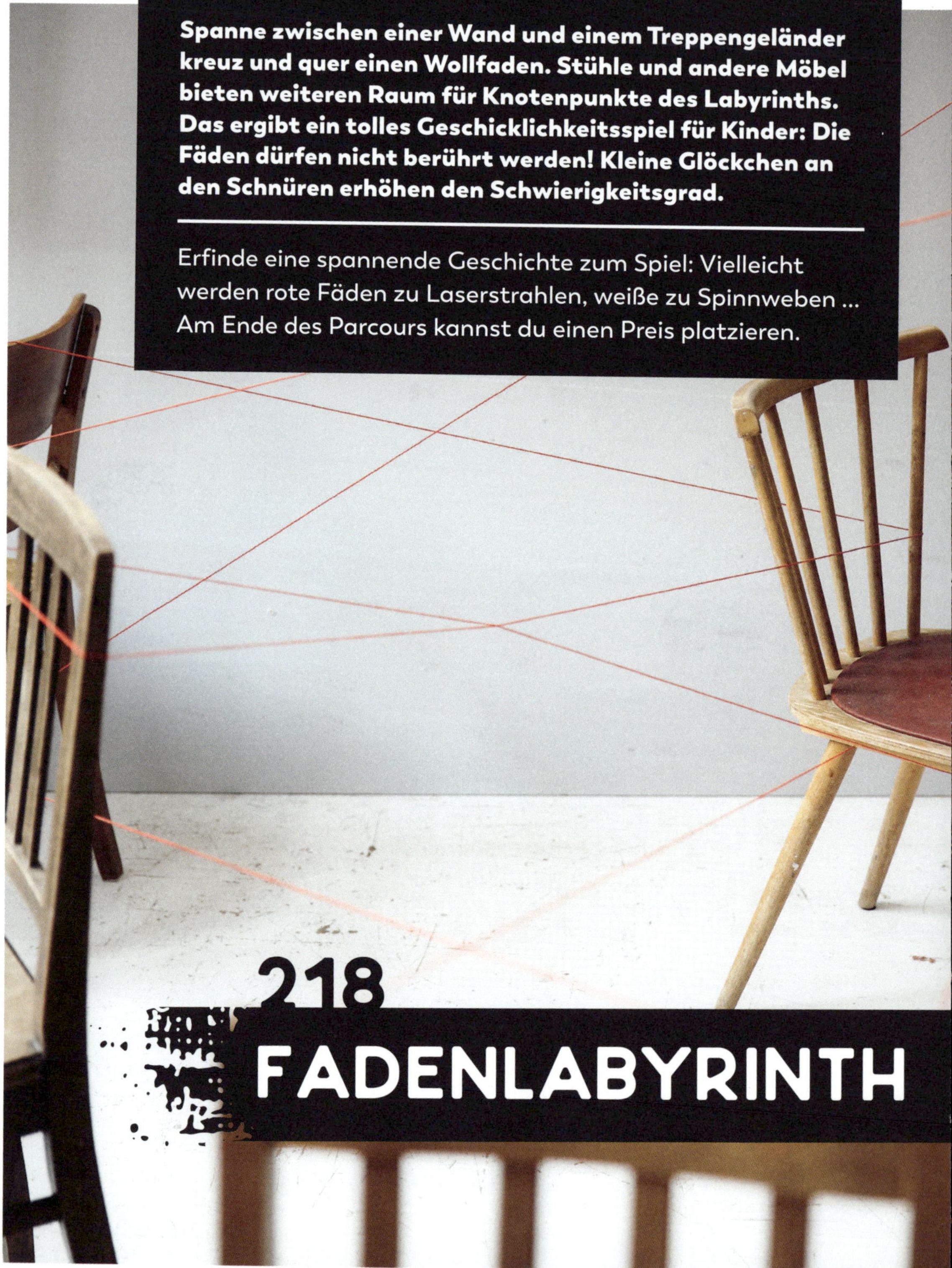

Spanne zwischen einer Wand und einem Treppengeländer kreuz und quer einen Wollfaden. Stühle und andere Möbel bieten weiteren Raum für Knotenpunkte des Labyrinths. Das ergibt ein tolles Geschicklichkeitsspiel für Kinder: Die Fäden dürfen nicht berührt werden! Kleine Glöckchen an den Schnüren erhöhen den Schwierigkeitsgrad.

Erfinde eine spannende Geschichte zum Spiel: Vielleicht werden rote Fäden zu Laserstrahlen, weiße zu Spinnweben ... Am Ende des Parcours kannst du einen Preis platzieren.

218 FADENLABYRINTH

219 KARTOFFEL-STEMPEL

Halbiere eine Kartoffel und drücke eine Ausstechform in die Schnittkante. Nun schneide seitlich in die Kartoffel bis an die Form heran. So lässt sich schnell ein witziger Stempel für Kinder anfertigen.

Stempel-Motive kannst du auch aus Moosgummi ausschneiden und auf Holzklötzchen kleben. Solche Stempel sind langlebiger als die Kartoffel-Variante.

220

GESCHIRR-TUCH-SPIEL

Male mit Filzstift ein Schachbrett auf ein kariertes Geschirrtuch. Verschiedenfarbige Steine dienen als Spielsteine.

Wenn du nach dem Spielen das Tuch zu einem Säckchen zusammenraffst und mit einer Kordel verknotest, hast du zugleich einen praktischen Beutel für das Spiel.

221

KARTEN-SCHACH

Ein Satz Rommé-Karten lässt sich als Schachfiguren verwenden. Das Spielfeld in ausreichender Größe auf ein Stück Packpapier aufmalen (8 x 8 Kästchen).

Gespielt wird Rot gegen Schwarz. Für Bauern niedrige Zahlen, für Türme die Asse, für Springer die 10er, für Läufer die Buben und für die Damen die Königinnen verwenden. Der Karten-König bleibt auch beim Schachspiel König.

Einen großen Überwurf unter einem Tisch spannen und oben zusammenknoten. Fertig ist die Hängematte für Kinder.

Achte auf einen stabilen Stoff!

222 TISCH-HÄNGEMATTE

223 MONSTER-SPRAY

Dekoriere eine Sprühflasche mit Bildern und Schrift und fülle sie mit Wasser.

Kindern, die nach einer Gruselgeschichte Angst vor bösen Hexen und Monstern haben, kannst du mit diesem Schutzspray wieder Mut machen: Einfach in dunkle Ecken oder auf das Kopfkissen sprühen.

Verpflegen und Bewirten

Mit einer Doppelsprossen-Leiter und einigen Brettern lässt sich schnell ein Regal errichten. Darauf kannst du Snacks und Getränke für eine (Garten-)Party bereitstellen.

224

Pfannkuchenteig lässt sich in einer ausgespülten Ketchup- oder Mayonnaiseflasche perfekt dosieren.

Eignet sich besonders, wenn du viele kleine Pfannkuchen backen willst. Es lassen sich auch Muster und Figuren in die Pfanne malen, die kurz danach gleichmäßig mit Teig aufgefüllt werden.

225

PFANN-KUCHEN-SPRITZE

226 VIELE MIT EINEM SCHNITT

Wenn du viele kleine Tomaten halbieren möchtest, lege sie zwischen zwei Teller oder Deckel von Frischhaltedosen. Halte den oberen Teller/Deckel mit sanftem Druck fest und schneide mit einem langen Messer einmal dazwischen entlang.

Der Trick funktioniert auch mit Weintrauben und anderem kernlosen Obst oder Gemüse.

STROH-
HALM-
BREMSE

Drehst du die Öffnerlasche einer Getränkedose über die Trinköffnung, kannst du damit einen Strohhalm daran hindern, nach oben zu steigen.

Ist die Dose geleert, trenne die Lasche durch stetiges Hin- und Herbiegen ab, sie eignet sich für weitere Lifehacks (siehe Hacks 44, 329 und 106).

Essen wird in der Mikrowelle gleichmäßiger erwärmt, wenn du es ringförmig auf dem Teller anrichtest.

Bei Suppen hilft nach wie vor gelegentliches Umrühren.

228 MIKROWELLEN-FUTTER

229

SAUBERER SCHNITT

Kuchen, weicher Käse und viele andere Lebensmittel lassen sich mit Zahnseide schneiden. Achte beim Kauf darauf, eine Zahnseide ohne Menthol oder andere Aromen zu wählen.

Festes Garn oder Angelsehne funktionieren ebenfalls.

Kaugummikauen verhindert Tränen beim Zwiebelschneiden.

Kein Kaugummi zur Hand? Dann probiere es mit einem Schluck Wasser im Mund.

230

TRÄNENFREI

Markiere transparente Trinkflaschen mit Uhrzeiten, dann kannst du einfach prüfen, ob du genug Wasser zu dir nimmst.

Regelmäßige Wasserzufuhr schützt besser vor Erschöpfung als so mancher Kaffee.

231

TRINKKONTROLLE

232

BIS IN DIE ECKEN

Mit zwei halbierten Wurstscheiben lässt sich eine quadratische Scheibe Toast gleichmäßig belegen.

Ein Kochlöffel quer über den Topf gelegt verhindert das Überkochen.

Die Herdplatte kleiner stellen hilft, zusätzlich Energie zu sparen.

233

ÜBERKOCHEN VERBOTEN!

Ein Glas Wasser in der Mikrowelle verhindert, dass Pizzastücke beim Aufwärmen zäh werden.

Ist die Pizza aufgegessen, kannst du mit dem Wasserglas gleich noch die Mikrowelle reinigen (siehe Hack 28).

234 WARM & FLUFFIG

Zwei Essschalen kannst du gleichzeitig in einer kleinen Mikrowelle erwärmen, wenn du eine der beiden Schalen auf eine Tasse stellst.

Pass auf, dass die obere Schale seitlich nicht anstößt und so beim Drehen des Mikrowellentellers herunterfällt.

235 MIKRO-DOPPELDECKER

236 WARMHALTE-SERVICE

Essen vom Imbiss lässt sich mit einer Sitzheizung während des Transportes warm halten.

Hält nicht warm, aber alles am Platz: Damit der Belag nicht vom Pizzaboden rutscht, leg eine Flasche als Höhenausgleich unter die Schachtel.

237

PIZZA AUS DER PFANNE

In einer beschichteten Pfanne kannst du bei mittlerer Hitze kalte Pizza wieder schnell knusprig und warm machen, ohne den Belag unnötig auszutrocknen.

Hast du keine Pfanne zur Hand, funktioniert das Aufwärmen auch in der Mikrowelle (siehe Hack 234)

238 SCHNAPPSCHUSS

Keine Zeit, noch einen Einkaufszettel zu schreiben? Mach schnell ein Foto vom Kühlschrankinhalt!

Im Laden kannst du dann nachschauen, was im Kühlschrank fehlt.

239 REZEPTEBÜGEL

Ein Hosenbügel am Küchenschrank hält das Kochbuch oder Rezeptheft auf Augenhöhe.

Prima: Mehr Platz auf der Arbeitsfläche und das Buch wird nicht bekleckert!

240

STREICHZARTE BUTTER

Harte Butter aus dem Kühlschrank lässt sich mit einer Küchenreibe in leicht verstreichbare Flocken verwandeln.

Diese Butterflocken lassen sich auch leichter in Teig oder Soßen verteilen.

Wenn du Eis aus Götterspeise zubereitest, ist das nicht nur ziemlich lecker – es kleckert und tropft auch nicht alles voll, wenn es während des Essens taut. Sobald die Götterspeise in ihrer Form fest geworden ist, steckst du einen Löffelstiel hinein und frierst das Ganze ein.

Statt richtiger Eisformen kannst du auch einfach ausgewaschene Joghurtbecher verwenden.

241

KLECKERN WAR GESTERN

242

LOLLI-HÄUSCHEN

Bohre ein kleines Loch durch die Unterseite einer Ü-Ei-Kapsel und stecke einen angeschleckten Lolli hinein. So lässt sich der Lolli sauber und rein für später aufbewahren.

Bananen kann man am stumpfen Ende viel einfacher öffnen als am Stielende. Das Ende leicht zusammendrücken und die Schalen auseinanderziehen.

Das ist eine Fertigkeit, die der Mensch vom Affen gelernt hat.

243

NACH AFFENART

Vor dem Besuch beim Asiaten ein Gummiband einstecken. Dieses eng um das obere Ende der Essstäbchen wickeln. Stecke noch ein Stück der Verpackung straff aufgerollt dicht am Gummiband zwischen die Stäbchen - fertig sind die halbautomatischen Essstäbchen.

Und nun: Guten Appetit! Oder wie man in China sagt: Iss langsam!

244

ESS-HILFE

Knabbere fettige Snacks mit Essstäbchen: Das hält die Finger sauber und verhindert, dass du zu schnell futterst.

245

SNACKKONTROLLE

246
IMBISS-BOX ALS TELLER

Entferne den Metallhenkel von einer Transportschachtel aus dem Asia-Imbiss, dann kannst du sie zu einem Teller entfalten.

Wie auch Ungeübte mit Stäbchen essen können, erfährst du im Hack 244.

247

EI-SAUGER

Mit einer sauberen Kunststoffflasche kannst du den Dotter aus einem aufgeschlagenen Ei saugen und in ein anderes Gefäß umfüllen. Die Flasche etwas zusammendrücken und vorsichtig am Eigelb ansetzen. Mit der Luft wird das Eigelb eingesaugt.

Gelingt wunderbar, solange das Eidotter unbeschädigt ist.

Das Ei in ein Glas mit Wasser legen. Frische Eier sinken auf den Boden, ältere Eier schwimmen an der Oberfläche.

Ältere Eier schwimmen an der Oberfläche, da sich im Inneren des Eies mit der Zeit die Luftkammer vergrößert.

248

NOCH GANZ FRISCH?

Bringe einen Sprühkopf auf Flaschen mit Essig, Öl oder dünnflüssigen Würzsoßen an oder fülle sie in Sprayflaschen um, um Speisen gleichmäßig würzen zu können.

Achte darauf, dass du lebensmittelechte Sprühköpfe oder Sprayflaschen verwendest.

249 GEWÜRZSPRAY

250

BRIEFUMSCHLAG-TRICHTER

Ein diagonal zerschnittener Umschlag mit abgeschnittener Ecke ergibt einen praktischen Trichter für trockene Sachen.

Für Flüssigkeiten kannst du die Ecke eines Gefrierbeutels abschneiden.

251

FLEISCH FLACH HALTEN

Friere Hackfleisch möglichst flachgedrückt ein, dann lässt es sich schneller wieder auftauen. Wenn du es vor dem Einfrieren in Segmente schneidest, kannst du später ganz einfach kleinere Portionen entnehmen.

Hast du das Hackfleisch bereits in einem Gefrierbeutel verteilt, kannst du es mit einem Bratenwender oder Holzspatel in Segmente drücken.

252

BLITZMAYONNAISE

Gib 1 Ei, 1 TL Senf, ½ TL Salz und 150 ml Pflanzenöl in einen Mixbecher. Stelle die Masse für 10 Minuten in den Kühlschrank. Dann setze den Stabmixer am Boden des Bechers an, beginne zu mixen und ziehe den Mixer langsam nach oben.

Du kannst die Mayonnaise noch mit Kräutern und Gewürzen verfeinern. Mit zwei Knoblauchzehen und etwas Olivenöl erhältst du leckeres Aioli.

253

TASSEN-BROWNIE

4 EL Mehl, 3–4 EL Zucker, 2–3 EL Rohkakaopulver, 1 Ei (Größe M), 3 EL Milch, 3 EL Öl und 1 Päckchen Vanillezucker in einer Tasse gründlich verrühren. Zweieinhalb bis drei Minuten bei 800 Watt in die Mikrowelle, fertig.

Der perfekte Seelentröster. Mit einer Portion Vanille-Eis ein Gedicht.

Dünne Gemüsestreifen kannst du mit einem Sparschäler herstellen.

Deko-Asse stechen hübsche Formen mit Metallausstechformen aus.

254

HAUCHZARTES GEMÜSE

Weiches Obst oder gekochtes Gemüse lässt sich mit einem Eierschneider in gleichmäßige Scheiben schneiden.

Mit den gleichmäßig dünnen Scheiben kannst du ein eindrucksvolles Obstmosaik auf den Teller zaubern.

255

SCHNELL GESCHNITTEN

Die Zitrone ein paar Mal fest mit der Handfläche auf dem Tisch hin und her rollen, damit sie gut saftet. Anschließend mit einer Nadel oder einer Messerspitze ein Loch hineinstechen. So lässt sich schnell ein Spritzer Saft entnehmen.

Durch das Rollen auf dem Tisch platzen die Zellen in der Zitrone und sie gibt mehr Saft frei. Die Zitrone nach dem Anstechen kühl lagern und innerhalb weniger Tage verbrauchen.

256

ZITRONENSAFT-SPRITZE

Ein in Achtel geschnittener Apfel bleibt frisch und saftig, wenn du ihn wieder zusammensetzt und mit einem Gummiband zusammenhältst.

Die Schnittflächen liegen eng aufeinander und der Apfel wird langsamer braun.

257

FRISCHE APFELSCHNITZE

258

KIWI SCHÄLEN

Kiwis lassen sich ganz einfach mit dem Löffel schälen: Einfach die Stielenden der Kiwi abschneiden und mit der Löffelkelle rundherum innen an der Schale entlangschaben.

Kiwis enthalten mehr Vitamin C als Orangen und zählen zu den gesündesten Früchten überhaupt.

Eine Wäscheklammer am Stiel eines Holzlöffels verhindert, dass er in den Topf oder die Pfanne rutscht. Einfach die Klammer am Rand einhängen.

Wir empfehlen die Verwendung einer Holzklammer.

259 LÖFFELSPERRE

260

SCHNELLER REIF

Unreife Avocados reifen schneller, wenn du sie zusammen mit einer Banane oder Bananenschale in eine Papiertüte packst.

Ob die Avocado reif ist, erkennst du, wenn du das Stielende abbrichst. Ist das Fruchtfleisch leicht gelblich, ist die Avocado reif.

261

AUSSEN KROSS, INNEN WEICH

Lege zwei Scheiben Toastbrot aufeinander und schiebe sie in den Toaster. Du erhältst den perfekten Toast: Außen schön knackig, innen herrlich weich.

Ideal für BLT-Sandwiches (siehe Hack 269).

262

LÄNGER HALTBAR

Der Reifeprozess von Bananen lässt sich verlangsamen, indem du die Stiele fest mit Klarsichtfolie umwickelst.

Bananen und Äpfel nicht zusammen lagern, da die Äpfel Ethylen freisetzen, welches die Bananen schneller braun werden lässt.

263

INSTANT-EISKAFFEE

Abgekühlten Kaffee in eine Eiswürfelform geben und einfrieren. 5–7 Kaffee-Eiswürfel mit Milch anrühren. Fertig ist der Eiskaffee.

Feinschmecker geben noch etwas Kakaopulver und/oder Vanille-Eis dazu.

Getränke aus dem Karton lassen sich leichter gießen, wenn die Ausgießöffnung oben ist.

So kann die Luft besser in den Getränkekarton gelangen und die Flüssigkeit blubbert nicht unkontrolliert heraus.

264 KLECKERFREI AUSGIESSEN

Mit einem Kleiderbügel, Plastikbeuteln und einer mit Wasser gefüllten Flasche kannst du eine einfache Waage improvisieren.

Ein halber Liter Wasser entspricht 500 Gramm.

265 BÜGELWAAGE

266

ROLLEN UND SCHNEIDEN

Mit einem Pizzaschneider lassen sich Kräuter klein schneiden.

Wer Spaß am Rollen gefunden hat, kann so auch noch etwas Schinken oder Speck zerkleinern und sich ein leckeres Rührei machen.

267

EIERSCHALE RAUS!

Eierschale in einem aufgeschlagenen Ei lässt sich leichter entfernen, wenn du zuvor die Finger anfeuchtest.

Auch eine der Eierschalen-Hälften kann statt der Finger zum Herausheben des Schalenstücks verwendet werden.

268

KONSTANTE DICKE

Um Teig gleichmäßig dick auszurollen, lege links und rechts Holzbrettchen oder Holzlöffel so ab, dass du das Nudelholz darauf führen kannst.

Die gleichmäßige Dicke des Teiges ist wichtig, damit Plätzchen und Kekse im Ofen nicht unterschiedlich braun werden.

Verflechte sechs halbe Streifen Frühstücksspeck und lege sie auf ein Stück Alufolie. Im Backofen grillen, bis der Speck schön kross ist.

Mit zwei Scheiben Toast (siehe Hack 261), Tomate, Salat und Mayonnaise kannst du daraus ein typisch amerikanisches BLT-Sandwich machen – Bacon (Speck), Lettuce (Salat), Tomato (Tomate).

269 BACKOFEN-SPECK

Kartoffeln mit der Küchenreibe grob raspeln und etwas salzen, das Waffeleisen dünn mit Pflanzenöl bepinseln. Etwas von der Kartoffelmasse gleichmäßig auf dem Waffeleisen verteilen und bei mittlerer Hitze backen, bis das Rösti goldgelb ist.

Durch die Vertiefungen vom Waffeleisen eignet sich dieses Rösti hervorragend als Beilage zu Gerichten mit Soße, wie das traditionelle Zürcher Geschnetzelte.

270

RÖSTI AUS DEM WAFFELEISEN

271
KRÄUTER IN ÖL

Um frische Gartenkräuter haltbar zu machen, fülle sie einfach in eine Eiswürfel-Form, übergieße sie mit Olivenöl und friere das Ganze ein.

Auf diese Weise lassen sich größere Kräutermengen auch bequem stapeln.

272 BROWNIES IM WAFFELPELZ

Brownies entstehen in Rekordzeit, wenn du den Teig in einem Waffeleisen backst.

Noch dicker und saftiger werden die Brownies in einem rechteckigen Waffeleisen.

Leg dein Smartphone oder deinen MP3-Player in eine Schale oder Schüssel. Dadurch wird die Lautstärke der internen Lautsprecher verstärkt.

273 SMARTPHONE-VERSTÄRKER

1

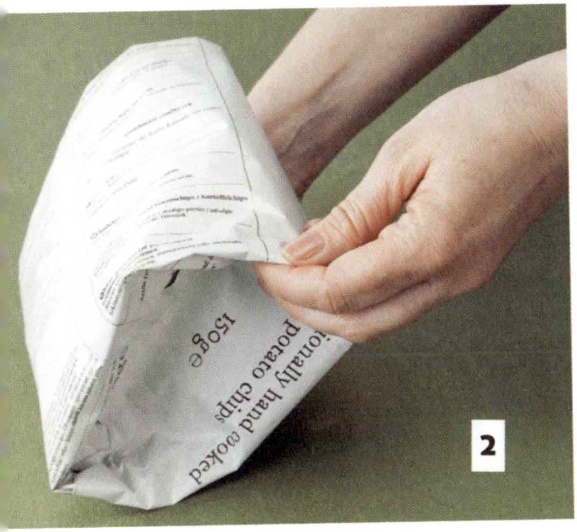
2

3

274 STEHENDE TÜTEN

Zu wenig Schalen für eine Party mit Chips oder Flips? Keine Lust, große Schüsseln abzuspülen? Hier der Tütentrick.

1. **Die Tüte öffnen und den Rand einrollen.**
2. **Die unteren Ecken nach innen stülpen und gleichmäßig aufrollen.**
3. **Der Inhalt hebt sich servierfreundlich nach oben und die Tüte steht wie eine Eins.**

Auch für alle Frühstücksmüsli-Fans geeignet!

275

DIPS SERVIEREN

Muffinbleche eignen sich auf Partys zum Servieren verschiedener Dips, Soßen oder Knabbereien.

So lassen sich auch Zutaten für den Belag von Hamburgern auf einem Blech bereitstellen.

276 TROPFEN-FÄNGER

Aus einer Kunststoff-flasche lässt sich mit ein paar Schnitten mit Schere oder Cutter ein Tropfenfänger für Fässer und Getränkespender basteln.

Funktioniert auch an Wasserhähnen oder Seifenspendern.

Wickle eine Flasche in eine feuchte Papiertüte oder ein Papiertuch und lege diese in den Kühlschrank.

Durch das verdunstende Wasser ist die Flasche innerhalb von 15 Minuten kalt.

277 AUF TUCHKÜHLUNG

278 BIERSTOPPER

In Kühlschränken mit Gitterböden lassen sich liegende Getränkeflaschen mit einer Vielzweckklammer vor dem Wegrollen sichern.

Eine Glasschale, Knicklichter und Eis bieten buntes, stimmungsvolles Licht für die abendliche Getränkeauswahl. Die Knicklichter auf den Gefäßboden legen und mit Eis bedecken.

So lassen sich die Getränke-Etiketten auch bei dämmrigem Licht entziffern.

279

FARBENFROH KÜHLEN

280 PAPRIKA-SCHÄLCHEN

Dips und Saucen in ausgehöhlten Paprikas verschönern das Gemüsebuffet.

Wenn die Schälchen leer sind, verwandelt sich die Paprika in einen zusätzlichen Snack.

281 ABFALLVERWERTUNG

Gib Holzspäne in die Vertiefungen eines Eierkartons und gieße geschmolzene Wachsreste darüber. Schneide nach dem Abkühlen mit einem scharfen Messer einzelne Vertiefungen komplett heraus und platziere sie zwischen den Kohlen auf deinem Grill. Entzündet entfachen sie innerhalb kürzester Zeit eine starke und einige Minuten lang brennende Flamme.

Statt Holzspänen kannst du auch Kleintierstreu verwenden.

Ein Pfannenwender wird mit Alufolie und etwas Faltgeschick zu einer praktischen Mini-Pfanne für den Grill. Gemüse, Käse und andere Leckereien lassen sich auf diese Weise neben den Würstchen und den Steaks zubereiten.

Achtung: Der Grill wird deutlich heißer als eine Bratpfanne! Verwende daher nur Pfannenwender aus Metall mit einem langen Griff. Holz und Kunststoff könnten der Hitze der Glut nicht gewachsen sein.

282

IMPRO-GRILL-PFÄNNCHEN

283

HOLZ AUF DEM GRILL

Fisch zu grillen ist anspruchsvoll: Der gegarte Fisch kann schnell durch den Rost fallen. Ein Brettchen aus unbehandeltem Buchenholz bewahrt ihn davor und hilft außerdem, ihn bei schonender Hitze zu garen. Das verkohlende Holz fügt dem Fisch außerdem ein angenehmes Raucharoma hinzu. Wer damit in einem verschließbaren Grill zusätzlichen Rauch erzeugen möchte, feuchtet das Holz vor dem Grillen mit Wasser an.

Wenn du einen ganzen Fisch oder ein Fischfilet mit Haut am Lagerfeuer grillen möchtest, kannst du den Fisch auch mit unverzinkten Nägeln auf das Brett nageln und hochkant neben die Flammen stellen.

Mit einem Kugelausstecher, einer Melone und weiterem Obst kannst du das Highlight für jede Party zaubern.

An heißen Sommertagen kannst du gefrorene Melonenkugeln als Eiswürfelersatz servieren.

284

MELONENSCHALE

Mit Nelken gespickte Zitronenhälften vertreiben Mücken auf jeder Grill- und Gartenparty.

Gesünder und natürlicher geht's nicht!

285

MÜCKENSCHRECK

286 KORKENZIEHER AUS DER WERKSTATT

Eine Schraube in den Korken drehen und mit einer Zange herausziehen.

Zum Herausziehen der Schraube kannst du auch einen Zimmermannhammer verwenden.

Mittels Campingkocher und Holzspießen lassen sich auch in größten Notfällen noch Marshmallows rösten. Achte nur darauf, nicht zu dicht an die Flamme zu gehen, da die Marshmallows und Holzspieße sonst schnell verbrennen.

Bei der Verwendung von Campingkochern solltest du immer die Sicherheitshinweise beachten und diese am besten nur im Freien verwenden.

287 LECKERE BUNSENBRENNEREI

288 LAST-MINUTE-GIRLANDE

Das Papier ziehharmonikaartig falten, eine Form ausschneiden und darauf achten, dass an den beiden Kanten Verbindungen erhalten bleiben.

Aus dünner Tapete, Geschenkpapier oder einer Papiertischdecke kannst du besonders lange Girlanden anfertigen.

289

STROHHALMWIMPEL

Mit Strohhalmen und zwei langen Fäden lässt sich im Handumdrehen eine dekorative Girlande erstellen. Die Strohhalme auf einen Faden fädeln. Dann jeweils zwei Strohhalme auf den zweiten Faden fädeln und zwischen zwei Halme des ersten Fadens knoten.

Wenn du die Strohhalme in kürzere Stücke schneidest, kannst du eine Vielzahl weiterer Formen anfertigen.

290

BECHER-LICHTER-KETTE

Aus Einwegtrinkbechern werden Lampenschirme. Einfach Schlitze in den Boden schneiden und auf die Birnen einer Lichterkette stecken.

So wird aus der Weihnachtsdekoration im Handumdrehen eine stylische Partybeleuchtung.

Für die gesunde Erfrischung auf Kinderpartys bereite Fruchteis in der Kastenbackform vor. Bis zu 1 kg pürierte Früchte passen in die Form. Die Backform mit Frischhaltefolie auslegen, mit Fruchtpüree füllen und ins Gefrierfach stellen. Nach einer Stunde Holzstiele hineinstecken. Noch zwei Stunden gefrieren lassen, dann mit einem großen Küchenmesser portionieren.

Lass den Eisblock vor dem Zerteilen einige Minuten antauen und tauche das Messer in heißes Wasser.

291 FRUCHTEIS AM STIEL

292

EISCREME SERVIEREN

Um auf einer Party große Mengen Eis zu servieren, schneide den Becher oder die Schachtel mit einem scharfen Messer in Scheiben. So hast du gleich große und formschöne Portionen.

Für Eis-Sandwiches lege die Eisscheiben zwischen Kekse oder – auch sehr lecker! – frische Waffeln.

293 KOCHEN IN DER KÜHLBOX

Gemüse und/oder Würstchen in große, verschließbare Gefrierbeutel geben und dann in einer Kühlbox mit kochendem Wasser übergießen und ziehen lassen. Auf diese Weise kannst du große Mengen zubereiten.

Die Speisen kannst du gekühlt in Beuteln in der Box transportieren und dann am Zielort mit heißem Wasser erwärmen.

294

PERSONALISIERTE GLÄSER

Beschichte die Füße der Weingläser mit Tafellack. Auf der Party kann jeder Gast mit Kreide seinen Namen auf das Glas schreiben.

295 TEIG-SCHÜSSELN

Auf einer umgedrehten Muffinform kannst du Teigfladen zu kleinen Schüsselchen backen, die mit Salat oder Taco-Zutaten befüllt werden können.

Für 12 Förmchen aus 500 g Maismehl, 190 ml Wasser, 3 EL Öl, 1 TL Backpulver umd 1 TL Salz einen geschmeidigen Teig kneten. In Klarsichtfolie wickeln und 30 Minuten im Kühlschrank ruhen lassen, dann 12 gleich große Kugeln formen und auf einer bemehlten Arbeitsfläche dünn ausrollen. Bei 180 °C ca. 10–15 Minuten backen, bis sie goldbraun sind.

Rolle ein A5-großes Blatt Papier spitz zusammen, sodass eine Tüte entsteht, und fixiere diese mit Klebeband.

Etwa 2 cm große Löcher im Deckel eines Pappkartons ermöglichen ein einfaches Befüllen und Servieren der Tüten, ohne dass diese umfallen.

296 SNACK-TÜTEN

297 SCHOKO-KIWI-LOLLIES

Kiwischeiben auf Eisstiele stecken und mit Kuvertüre überziehen.

Klappt auch mit anderem Obst, wie Bananenscheiben oder Erdbeeren.

298

LASS SPRUDELN

Mische 1 EL Zucker, ½ EL Instant-Götterspeisepulver, 1 TL Zitronensäure und ½ TL Teelöffel Natron. 2–3 TL dieser Mischung ergeben zusammen mit Leitungswasser eine sprudelnde Brauselimonade.

Das Pulver kannst du in verschiedenen Geschmacksrichtungen vorbereiten und jederzeit hervorzaubern, wenn bunte Limonade gefragt ist.

Schneide einen Brotlaib an der Oberseite tief ein. Fülle die Zwischenräume mit etwas Butter, Käsescheiben und Frühlingszwiebeln und backe das Brot bei 180 °C im Backofen, bis der Käse geschmolzen ist.

Der Käse und die Butter sollten etwas tiefer im Brotlaib stecken, damit man die Käse-Brot-Stifte nachher an der Kruste herausziehen kann.

299

PARTY-BROT

Für eine farbenfrohe Minivase schneide das Mundstück vom Luftballon ab und stülpe den Ballon von unten über ein Schnapsglas.

Für große Gläser brauchst du große Luftballons. Puste den Ballon einmal auf, bevor du ihn zerschneidest, dann ist er flexibler.

300

BALLON-VASEN

301 HEISSLUFT-MUFFIN

Für diesen schnellen Geburtstagskuchen befestige Geschenkband seitlich an einem Helium-Luftballon. Dann das Geschenkband am Papier des Muffins befestigen.

Helium gibt's im Ballonzubehör in kleinen Einwegdosen.

Verschenke statt Blumen doch einfach einen Strauß verschiedener Kräuter. Die duften herrlich, sehen hübsch aus und lassen sich zum Würzen von Speisen verwenden.

Zusammen mit einem Stück gute Butter verschenkst du so einen schmackhaft-coolen Kräuterbutter-Bausatz.

302 LASS KRÄUTER SPRECHEN

303
BECHERBOX

Einen Pappbecher gleichmäßig am oberen Rand einschneiden und umfalten. Die Streifen untereinander stecken. Fertig ist die kleine Geschenkbox.

Schneide den gefalzten Rand vorher ab. Die Länge der Einschnitte entspricht der Hälfte des Becherdurchmessers.

Schmilz Schokolade langsam im Wasserbad und gieße sie dann vorsichtig in Plastiklöffel. Im Kühlschrank zwei Stunden aushärten lassen.

Mit bunten Streuseln sehen die Löffel noch mehr nach leckeren kleinen Kunstwerken aus. Die Streusel auf die flüssige Schokolade geben.

304 SCHOKOPARTY

Ein der Länge nach gefaltetes und halbrund gebogenes Blatt Papier in eine Dose Stapelchips hineinschieben. Dann die Dose kippen und die Chips auf dem Papier herausziehen.

Genuss ohne Krümel und eingezwängte Hände.

305 STAPELCHIPS SERVIEREN

306

FLASCHEN-KERZENSTÄNDER

Leere Weinflaschen eignen sich hervorragend als dekorative Kerzenständer.

Besonders hübsch sieht es aus, wenn mit der Zeit das Wachs mehrerer Kerzen an den Flaschen heruntergelaufen ist.

307

MUFFIN-SCHIRMCHEN

Durchbohre Muffinförmchen von unten mit Strohhalmen und nutze sie als Insektenschutzschirme für Getränke.

Auf die Schirmchen können die Gäste ihre Namen schreiben und somit ihre Gläser markieren.

Für einen improvisierten Grill mit einer Drahtschere eine Dose an den Seiten einschneiden und die Streifen nach außen biegen. Alufolie darüber legen und mittig die Kohle einfüllen.

Ohne Grillrost eignet sich die Dose auch als kleine Feuerschale für laue Sommernächte.

308 DOSENGRILL

309

RIESEN-MÜLLEIMER

Bei Partys kannst du Wäschekörbe als große Müllbehälter verwenden. Einfach einen großen Müllsack hineinstecken.

Mülltrennung nicht vergessen und mehrere Körbe mit großen Schildern anbieten, zum Beispiel auch einen Pfandkorb für Getränkeflaschen.

Frühling
und
GARTEN

Die Eierschale von gefärbten Ostereiern kannst du verwenden, um weitere Eier mit einem Mosaik aus Eierschalen zu bekleben.

Verziere ausgeblasene Eier, dann hast du viele Jahre etwas von den kleinen Kunstwerken.

310

311 SALATHERZEN WIEDERBELEBEN

Stelle den Strunk von Salatherzen in eine Schale mit Wasser ans Fenster. Aus der Strunkmitte wächst nach drei Tagen frisches Gemüse nach.

Damit es klappt, schneide den unteren Teil etwas großzügiger ab und wechsle täglich das Wasser.

Schneide den Boden einer Plastikflasche ca. 2 cm hoch ab und bringe daran die Wäscheklammern an.

Mit Farben bemalt, Deko-Klebeband oder Knöpfen beklebt ist der Klammertopf ein würdiger Ersatz für jeden Übertopf.

312 HÜBSCH GEKLAMMERT

313

ANZUCHT-TÖPFCHEN

In einem mit Blumenerde befüllten Eierkarton können Pflanzen für den Garten gezogen werden.

Gereinigte Eisstiele kannst du beschriften und in Blumentöpfe stecken. So weißt du immer, in welchem Blumentopf welche Pflanzen ausgesät wurden.

Auch für Küchenkräuter im Balkonkasten geeignet.

314

AUFZUCHTMARKIERUNG

Ein Mini-Gewächshaus erhältst du, indem du Verpackungen von Obst (z.B. Heidelbeeren), Gemüse (z.B. Mini-Tomaten) oder Sushi mit transparentem Deckel reinigst, mit Watte oder Küchenpapier auslegst und als Anzuchtbehälter für Kresse oder andere Sprossen verwendest.

Noch besser sieht das Gewächshaus aus, wenn du die Verpackung umdrehst und den Deckel bepflanzt.

315 MINI-TROPEN

Schneide eine leere Klopapierrolle an einem Ende gleichmäßig ein und falte die entstandenen Laschen um. Gefüllt mit Erde, Watte oder Zeitungspapierschnipseln kannst du auch darin super Pflanzen ziehen.

Die Pflänzchen später mitsamt der Papprolle in einen Blumentopf oder im Garten einsetzen. Das Papier löst sich im Laufe der Zeit auf.

316

ANZUCHTSTATION

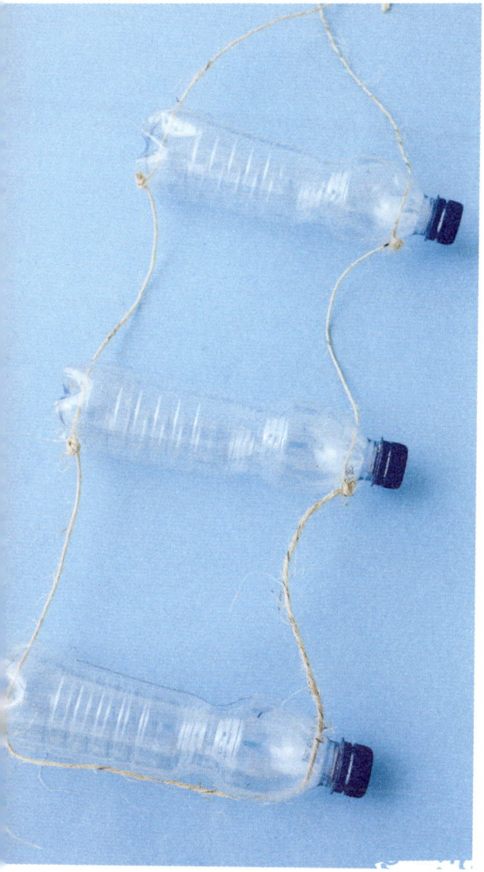

317 VERTIKALER GARTEN

Aus leeren Kunststoffflaschen und Bindfaden lässt sich im Fenster ein vertikaler Garten anlegen.

Die Öffnungen mit einem Cutter einschneiden, Löcher mit einem Metallspieß vorstechen und mit der Scherenspitze weiten. Damit die Flaschen nicht verrutschen, direkt darunter jeweils einen dicken Knoten in den Bindfaden machen.

Aus einem leeren Kunststoff-kanister kannst du eine einfache Gießkanne basteln, indem du den Deckel abschraubst und einige Löcher hineinbohrst.

Die Löcher lassen sich auch mit einer Rouladennadel hineinschmelzen, die über einer Kerze erwärmt wurde.

318 IMPROVISIERTE GIESSKANNE

Eintönige Blumentöpfe kannst du mit Spitzenborte bekleben und so in stylische Unikate verwandeln. Zum Bekleben eignet sich Holzleim oder Sekundenkleber.

Sieht auch mit breiten Geschenkbändern hübsch aus.

319 DAS IST SPITZE!

Zeit für den Frühjahrsputz: Die Fensterscheibe mit Reiniger einsprühen und mit einem zusammengeknüllten Blatt Zeitungspapier in kreisförmigen Bewegungen trocken polieren.

Bitte kein Hochglanz-Fotopapier aus Magazinen verwenden, es eignet sich nur klassisches Zeitungspapier für diesen Alltagstrick.

320 KLARE SICHT

Zu Ostern oder für Frühstücksbuffets lassen sich Eier in großer Zahl im Backofen zubereiten. Einfach in ein Muffinblech legen und bei 160–180 °C für ca. 30 Minuten backen.

Das Eigelb wird cremiger und die Eier lassen sich leichter pellen – ausprobieren lohnt sich!

BACKOFEN-EIER

Vor dem Färben belege die Eier mit Kräutern oder Blättern und verpacke sie stramm in ein Stück Nylonstrumpfhose. Die Blätter hinterlassen dann dekorative Muster auf der Schale.

Ein kleines Gummiband vor und hinter dem Ei hält es im Strumpf in seiner Position.

322

NATÜRLICH VERZIERT

323

NATÜRLICH GEFÄRBT

Eier kannst du in Pflanzensaft bunt färben. Koche Rote-Beete-Saft auf, gib die Eier dazu und koche sie 10 Minuten mit. Im Sud über Nacht abkühlen lassen. Für beste Ergebnisse verwende weiße Eier von freilaufenden Hühnern und putze sie vorher mit Essigwasser.

Für andere Farben 1 l Wasser mit Rotkohlblättern (1/2 Kopf; rot), Kurkuma (40 g; gelb), Spinat (300 g; grün) oder Zwiebelschalen (etwa eine Handvoll; braun) eine halbe Stunde kochen. Dann wie oben beschrieben fortfahren.

Gesprenkelte Eier erhältst du, indem du eine alte Zahnbürste in Wasserfarbe eintauchst und dann mit dem Finger über die Borsten streichst.

Streiche zu dir hin und halte die Bürste Richtung Ei. Unterlagen helfen, die Sprenkel im Zaum zu halten.

324

SPRITZEN UND KLECKSEN

Sommer
Urlaub

325

Den Stiel von Erdbeeren kannst du leicht und sauber entfernen, indem du von unten einen Strohhalm durch die Frucht stichst.

Die aufgespießten Erdbeeren machen sich bestens als Cocktail-Dekorationen.

Am Strand lassen sich Smartphones oder andere technische Geräte vor Sand und Wasser in einem verschließbaren Plastikbeutel schützen.

Der Touchscreen funktioniert auch durch den Beutel hindurch.

326

TÜTENSCHUTZ

327

SMARTE BRILLE

Eine Sonnenbrille umgekehrt und leicht geöffnet auf den Tisch legen und als Smartphonehalter verwenden.

328

GESCHÜTZT LIEGEN

Ein Spannbettlaken und vier Taschen bilden eine geschützte Liegefläche. Auch praktisch am Strand als Wind- und Sandschutz.

Mit einem Laken für Doppelbetten kannst du ein Nest für die ganze Familie bauen.

329 DOSENBIER UND ANGELHAKEN

Aus dem Öffnerring einer Getränkedose kannst du mit zwei Schnitten einen Angelhaken improvisieren.

Die Dose Bier wirst du beim Warten auf den Biss dringend nötig haben.

330

FRISBEE-GOLF

Eine Klappbox oder ein Wäschekorb in einiger Entfernung aufgestellt, ist ein herausforderndes Ziel für Frisbee-Würfe. Wer schafft es mit den wenigsten Versuchen?

Mehrere Boxen mit Zahlen daran ergeben einen ganzen Frisbee-Golf-Platz.

Um bequem barfuß fahren zu können, befestige mit Kabelbindern kleine Küchenschwämme auf den Pedalen deines Fahrrads.

Gleichzeitig werden die Fußsohlen beim Fahren von Sand, Erde oder Gras gereinigt.

331 BARFUSS-PEDALE

332

JUCKEN ADE!

Das Jucken eines Mückenstichs kannst du behandeln, indem du einen kleinen Löffel unter heißes Wasser und anschließend auf die juckende Stelle hältst.

Am besten wirkt der Trick, direkt nachdem du den Stich bemerkt hast.

333 FREUNDLICHE FALLE

Befülle eine Plastikdose mit Obstschalen und überspanne sie mit Klarsichtfolie. Nun stich mit einem Holzstäbchen ein paar Löcher in die Folie. Fertig ist die Fliegenfalle.

Die Fliegen krabbeln durch die Löcher zum Obst und finden nicht mehr heraus. Nach einigen Tagen kannst du die Folie draußen entfernen und die Fliegen vor der Tür aussetzen.

Fülle eine Flasche zu einem Drittel mit einem Getränk und friere sie liegend ein. Anschließend kannst du sie mit dem Rest des Getränks auffüllen. Du erhältst ein schnell gekühltes Getränk, das nicht verwässert ist.

Auf diese Weise lassen sich auch dekorative und schmackhafte Mischgetränke herstellen.

334

RIESEN-EISWÜRFEL

Kühle Weißwein mit gefrorenen Weintrauben.

Ein erfrischendes Getränk, ein optisches Highlight und gesundes Obst in einem.

335

EISTRAUBEN

Ein wiederverschließbarer Plastikbeutel verhindert, dass Speiseeis im Eisfach hart wird.

Dadurch, dass das Eis im Beutel luftdicht verschlossen ist, friert es nicht kristallin ein, sondern bleibt schön cremig.

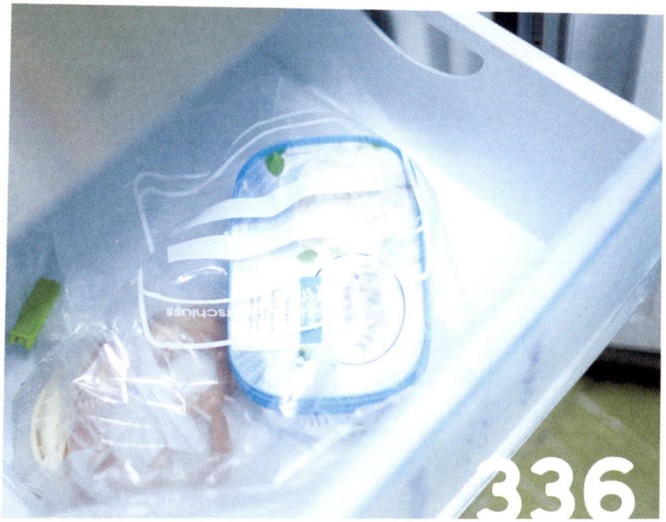

336

GESCHMEIDIG BLEIBEN

337

EISBOMBEN

Friere kleine, mit Wasser gefüllte Ballons (Wasserbomben) ein, dann kannst du sie später als dekorative Kühlung für Getränke verwenden.

Den Ballon nur zu ca. zwei Dritteln befüllen, sonst geht er beim Gefrieren kaputt.

Fülle kleine Plastikbecher zu ca. zwei Dritteln mit Limonade und friere sie für zwei Stunden ein. Stecke Eisstiele durch Zitronen- oder Limettenscheiben und setze sie in den Becher. Etwas Abstand zwischen Scheiben und Eis lassen; es dehnt sich noch weiter aus. Weiter gefrieren.

Die Limettenscheiben verhindern, dass das Eis am Stiel heruntertropft.

338 LIMETTENEIS

Schneide Segmente aus der Melone heraus und ritze an der Schale einen Schlitz, in den du einen Eisstiel steckst. Die Melonenstücke einfrieren – fertig ist das gesunde Eis ohne künstliche Zusatzstoffe.

Auch in den Geschmacksrichtungen Galia- und Honigmelone lecker.

339

MELONE AM STIEL

340

TROPFSCHUTZ-MANTEL

Mache einen kleinen Schnitt in die Mitte eines Muffinbackförmchens und stecke ein Eis am Stiel hindurch.

341 FLASCHEN-GEWÄCHSHAUS

Schneide den Boden einer Plastikflasche ab und stelle sie über eine Pflanze in einem Blumentopf.

Über den Verschluss kannst du die Pflanze gießen sowie Temperatur und Sauerstoffgehalt regulieren.

Eine originelle und vor allem wasserdichte Verpackung … lässt sich aus zwei Böden von Kunststoffflaschen und einem Reißverschluss basteln. Für die Reißverschlusslänge den Umfang der Flaschen ausmessen. Dann die beiden Hälften der Dose mit dem Reißverschluss verkleben.

Nach Belieben kannst du noch Dekoband über den Reißverschluss kleben. Die Dose ist auch als Geschenkverpackung ein Hit!

342 REISSVERSCHLUSSDOSE

343

HÄNGEPARTIE

Sonnenbrillen lassen sich bequem über einen Metall-Kleiderbügel hängen und so aufbewahren.

Funktioniert natürlich auch mit normalen Brillen.

Erfrischung fürs Ohr: Zwei Kronkorken des Lieblingsgetränks lassen sich mit den Steckern von alten Ohrringen und ein wenig Heißkleber zu stylischen Unikaten umfunktionieren.

Du kannst die Kronkorken auch flachklopfen, dann sehen die Ohrringe noch kunstvoller aus. Zum Anbringen der Brisur dann kleine Löcher einstechen.

344

KRONKORKEN FÜRS OHR

Mais- oder Tacochips dienen im Notfall als Anzündhilfe für ein Feuer.

Die gesalzenen Chips funktionieren übrigens ebenso gut wie die, auf deren Verpackung „Hot“ steht.

345 FIRESTARTER

Notbeleuchtung für unterwegs: Getränkeflasche mit transparentem Inhalt auf das Display des Smartphones stellen.

Die Flasche streut das Display-Licht in alle Richtungen.

346 FLASCHENLAMPE

347

TRÄGER FÜR ALLES

Mit einem Träger für Bierflaschen kannst du ein kleines Picknickkörbchen improvisieren.

Eignet sich übrigens auch, um Dekorationsgegenstände, wie Blumenvasen und Windlichter für Gartenpartys zu transportieren.

Schnalle einen Gürtel um einen Baum und hänge einige S-Haken an den Gürtel. Daran kannst du Töpfe und Pfannen aufhängen, wenn du draußen kochst.

Auf diese Weise kannst du auch Gartengeräte aufbewahren.

348

OUTDOOR-KÜCHENZEILE

349

KLOPAPIER-DOSE

Eine verschließbare Kunststoffdose an der Seite mit einem Schlitz versehen. Ein Loch in Deckel und Boden bohren und eine feste Schnur hindurchziehen.

Sehr praktisch: Ein witterungsresistenter Klopapierspender für den Campingurlaub.

Mit Kerzenwachs getränkte Wattepads sind ein praktischer und preisgünstiger Kaminanzünder.

Sammle die Stumpen von abgebrannten Kerzen, um sie später einzuschmelzen.

350

NOCH EIN ANZÜNDERLI

351 TROCKENE STREICHHÖLZER

Bewahre Streichhölzer unterwegs in kleinen Kunststoffbehältern auf, um sie vor Feuchtigkeit zu schützen.

Streichhölzer erhältst du in den meisten Lokalen gratis.

Aus Kaffeefiltern und Bindfaden oder Zahnseide lassen sich Kaffeebeutel für unterwegs vorbereiten.

Gelingt natürlich auch mit Teefiltern und deinem losen Lieblingstee!

352 COFFEE TO GO

353

STABILER KRAGEN

Damit der Hemdkragen beim Transport in einem Koffer oder einer Tasche aufrecht und knitterfrei bleibt, rolle einfach einen breiten Gürtel auf und lege diesen in den Kragen.

Falls der Kragen schon zerknittert ist, kannst du ihn mit einem Glätteisen glätten (siehe Hack 192).

Ein Sakko bleibt faltenfrei und vor Schmutz geschützt, wenn du es mit der Innenseite nach außen glatt zusammenlegst.

Packe das Sakko am besten in den Kofferdeckel. Im Kasten ist meist das Trolleygestell integriert und die Kleider verknicken.

354 KNITTERFREIE SAKKOS

In Ländern mit fremden Schriftzeichen hilft ein Foto der U-Bahn-„Heimatstation", um den Weg zurückzufinden.

Kann man die Zeichen nicht wiederfinden, hilft bestimmt ein freundlicher Bewohner der Stadt.

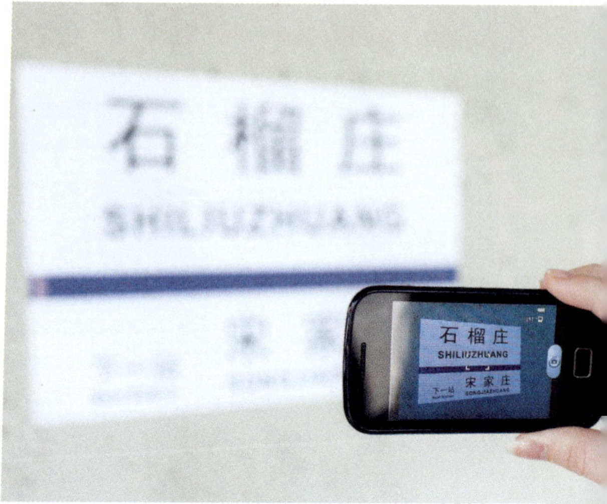

355

ORIENTIERUNGSHILFE

356

IMMER GRIFFBEREIT

Kleine Kabel und Geräte kannst du unterwegs in einem Brillenetui aufbewahren, damit sie nicht verlorengehen.

Auch geeignet für Schmuck oder (Auto-) Schlüssel.

357 DECKEL-LÖFFEL

Falte den Deckel deines Puddings oder Joghurts, um einen Löffel zu improvisieren. Mit dem Daumen die Löffelkelle markieren und den hinteren Bereich zu einem schmalen Stiel falten. Die Löffelkelle durch Zurückfalten der Ränder ausformen.

So kannst du auch unterwegs einen Nachtisch genießen.

Um im Zug, im Bus oder beim Relaxen im Freien zu verhindern, dass ein vorbeilaufender Dieb deine Tasche klaut, stecke einfach ein Bein oder einen Arm durch eine der Griffschlaufen.

358 ALLES IM GRIFF

359 BLUMENDIENST

Eine Wanne voller Wasser und Wollfäden versorgt die Pflanzen im Urlaub mit Wasser. Durch die Kapillarkraft wird das Wasser durch den Faden in den Topf befördert.

Wichtig: Die Wanne muss erhöht stehen!

Nimm einen Schuh und stelle ihn in Fahrtrichtung in den Fußraum des Autos. So kannst du Flaschen oder Becher im Schuh stabil lagern, ohne dass sie während der Fahrt umkippen.

360 GETRÄNKEHALTER

361 LADEN PER USB

Wenn du ein USB-Kabel, aber kein Ladegerät für ein Handy oder Tablet dabei hast, kannst du es im Hotel meist am LCD-Fernseher aufladen.

Die gängigsten Streaming-Programme gibt es auch ganz klassisch auf dem Fernseher.

Ein buntes Stoffband am Griff des Koffers hilft beim schnelleren Erkennen auf dem Gepäckband.

Denselben Effekt erzielst du mit bunten Koffergurten. Diese kannst du nach Belieben noch mit wasserfesten Stiften bemalen.

362 GEPÄCKMARKIERUNG

363 FRISCHER KOFFER

Vermeide unangenehmen Koffergeruch an der Kleidung mit Trocknertüchern.

So weht einem im Urlaub die Meeresbrise schon aus dem Koffer entgegen.

364 TASCHEN-RUCKSACK

Eine Tasche, die einen Schultergurt und Tragegriff hat, kannst du mit wenigen Handgriffen in einen Rucksack umwandeln.

Auch Sporttaschen mit zwei Henkeln lassen sich als Rucksack tragen.

365

NEE, DAS ANDERE LINKS

Gerade in fremden Gegenden, etwa im Urlaub, ist Orientierung alles. Wenn auch du dich mit „rechts“ und „links“ schwer tust, kannst du dir helfen, indem du beide Hände ausstreckst und Daumen und Zeigefinger abspreizt: Die Finger der linken Hand bilden ein „L“.

Der Trick funktioniert nach einer Weile auch, wenn du dir die Hände nur vorstellst.

366

NOCH GANZ DICHT?

Angefangene Shampoo- und Duschgelflaschen kannst du für den Reisetransport mit einem Stück Klarsichtfolie vor dem Auslaufen sichern. Den Deckel abziehen und ein Stück Folie über die Öffnung legen. Dann den Deckel wieder aufsetzen.

Unterwegs lassen sich dafür aus einer dünnen Plastiktüte (von Obst und Gemüse) Stücke reißen oder schneiden.

KNOPF AM OHRRING

Fädle Ohrringe nach dem Tragen in einen Knopf ein, dann bleiben sie bis zum nächsten Mal sicher beisammen.

Selbstgebastelte Ohrringe (siehe Hack 344) lassen sich auch direkt mit Knopf verschenken.

Aufgerollte Kleidung nimmt weniger Platz weg als zusammengelegte.

Die Shirtrollen sind außerdem leichter im Koffer zu finden und einfacher zu entnehmen.

368

KLAMOTTENROLLE

Eine Reiseportion von Salben und Cremes lässt sich in einem ausgedienten Kontaktlinsenbehälter aufbewahren.

Anhand des L und R auf den Deckeln des Behälters lassen sich verschiedene Cremes auch auseinanderhalten.

369

PERFEKTE REISEGRÖSSE

370

LACKIERT UND FIXIERT

Transparenter Nagellack auf einen Knopf auf getragen verhindert, dass sich dieser löst.

Klappt auch mit einem Tropfen Flüssigkleber.

Eine Duschhaube trennt die Kleidung im Koffer von den Schuhen.

In vielen Hotels gibt es Duschhauben kostenlos. Falls sie nicht bereits im Bad liegen, einfach an der Rezeption nachfragen.

371

SCHMUTZFANG

372 RASIERERKAPPE

Klemme eine große Vielzweckklammer über den Kopf eines Nassrasierers, um diesen auf Reisen zu schützen.

Wie ein stumpfer Rasierer wieder scharf wird, erfährst du in Hack 37.

373 KETTENRÖHRCHEN

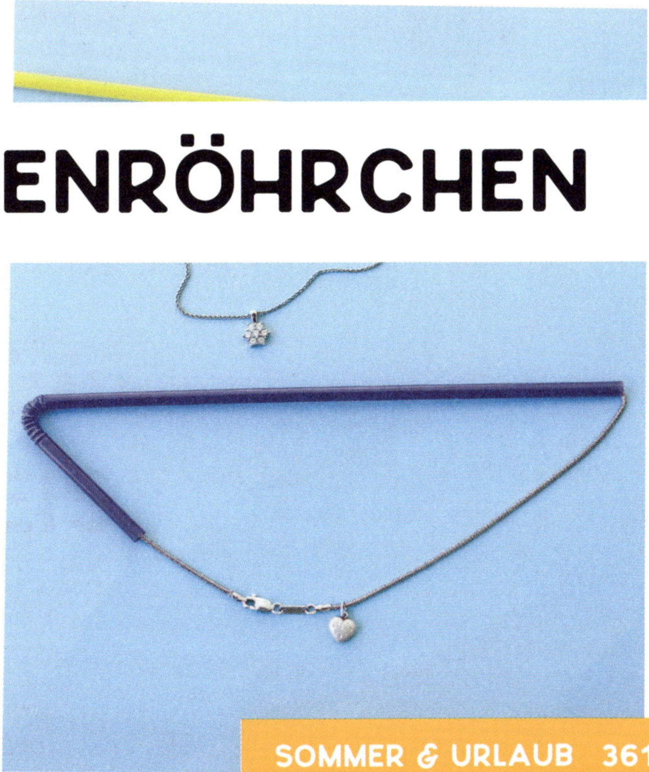

Fädle eine dünne Halskette durch einen Strohhalm, dann kann sich die Kette beim Transport nicht mehr so leicht verknoten.

Für Ketten mit etwas dickeren Verschlüssen eignen sich Cocktail-Strohhalme.

Um unterwegs nach dem Weg zu fragen, sind Pizzalieferanten eine gute Adresse.

Auch Taxifahrer sind gute Ansprechpartner.

374

NACH DEM WEG FRAGEN

Im Notfall kann man unterwegs mit einer Kaffeemaschine Eier kochen. Dafür die Eier in die Kanne legen, mit dem heißen Wasser überbrühen lassen und 8–10 Minuten ziehen lassen.

375 KOCHEN MIT DER KAFFEEMASCHINE

Herbst und Winter

Backe Plätzchen oder Kekse in einem Muffinblech, dann zerlaufen sie nicht und sind gleichmäßig dick.

Dank Muffinform sind die Plätzchen perfekt rund.

377

LAUBSAMMLER

Kehre das Laub auf ein großes Stück Plane. Wenn du fertig bist, kannst du die Plane zusammenraffen und alles auf den Kompost werfen oder in einen Beutel umfüllen.

So sparst du dir viel Bücken und Lauferei.

Du brauchst einen Aktenkoffer, ein großes Landschaftsfoto, ein Stück Rollrasen sowie Snacks und Getränke. Bild und Rasen in den Aktenkoffer kleben und die Köstlichkeiten platzieren.

So kannst du auch am trübsten Regentag ein romantisches Indoor-Picknick machen. Gelingt auch mit einem Picknickkorb.

378 REGENPICKNICK

379

KERZEN-SCHIFFCHEN

Bienenwachs in eine alte Dose geben und im Wasserbad bei niedriger Temperatur schmelzen. Das Wachs in Walnussschalen füllen und ein Stück Kerzendocht in das noch flüssige Wachs hineinstecken. Die Walnussschiffchen schwimmen auf dem Wasser.

Du kannst die Wachshälften auch mit kleinen Stücken von alten Kerzen füllen und das Wachs in der Nussschale in der Mikrowelle schmelzen.

380

APFEL-TEE

Befülle einen kleinen Topf mit Apfelschalen und übergieße diese mit Wasser, sodass sie gerade eben bedeckt sind. Koche die Schalen auf und lasse sie noch 8–10 Minuten auf ausgeschalteter Herdplatte ziehen.

Du kannst den Tee mit Zitrone, Zimt, Nelken, Honig oder Kandis verfeinern.

Klebe bei Zimmertemperatur mit Heißkleber einen Zahnstocher auf eine der Schuppen des Zapfens. Der Zapfen darf noch nicht ausgetrocknet sein. Dann eine halbrunde Skala auf ein Blatt zeichnen und hinter den Zapfen stellen. Fertig ist der Luftfeuchtigkeitsmesser (Hygrometer).

Kiefernzapfen öffnen sich bei trockenem Wetter, das Holzspießchen geht nach unten. Bei feuchtem Wetter schließt sich der Zapfen, das Spießchen geht nach oben.

381 KIEFERNZAPFEN-WETTERSTATION

Aus einer Kunststoffflasche und einigen Holzlöffeln lässt sich im Handumdrehen ein Futterspender für Vögel basteln. Löcher mit einem Cutter einschneiden und die Löffel vor dem Befüllen der Flasche durchstecken.

382 FUTTERFLASCHE

Eine flache Wanne mit Kieselsteinen gefüllt, nimmt Regen- und Tauwasser unter den Winterstiefeln auf.

Wenn du die Steine mit Montagekleber auf das Blech klebst, lässt sich das Tauwasser ganz einfach abgießen.

383

ABTROPFWANNE

Feuchte Schuhe trocknen schneller, wenn du sie mit Zeitungspapier ausstopfst.

Das Zeitungspapier in Küchenpapier einwickeln (wegen der Druckerschwärze) und die Schuhe nicht an die Heizung stellen oder föhnen. Das macht das Material brüchig.

384

TROCKEN-BESCHLEUNIGER

Schneide die obere Hälfte des Kürbisses ab und entferne das Fruchtfleisch mit einem Löffel. Die ausgehöhlte Kürbishälfte kannst du zu Halloween als Snackschale verwenden.

Aus dem Fruchtfleisch lassen sich köstliche Suppen und Kompott anfertigen, die du auch in der Schüssel servieren kannst.

385 KÜRBISSCHÜSSEL

Mit einem Gummihammer und Keksförmchen kannst du Formen aus Kürbissen ausstechen, um eine dekorative Laterne herzustellen. Den Kürbis zuerst aushöhlen, dann ans Verzieren gehen.

Funktioniert im Sommer auch mit Wassermelonen.

386 KÜRBISLATERNE

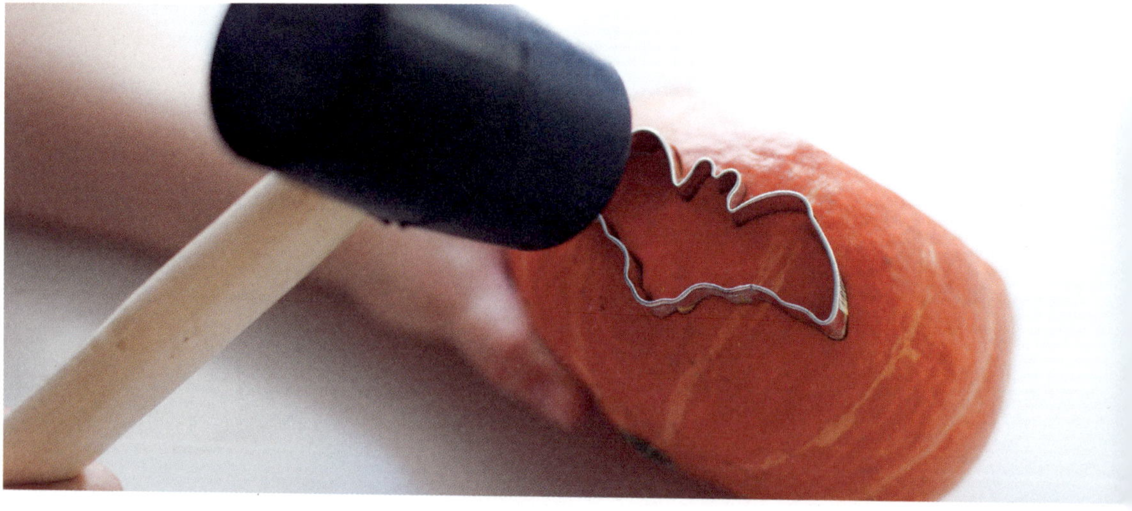

387

GRUSELHANDTUCH

Ein gruseliger Partystreich: Streiche dir mit roter Speisefarbe oder Kunstblut die Handflächen ein und wische sie vorsichtig über ein helles Handtuch. Nun lass das Handtuch trocknen. Deine Gäste werden sich schaudern!

Pass auf, dass du dich beim nächsten Gang ins Bad nicht selbst erschrickst!

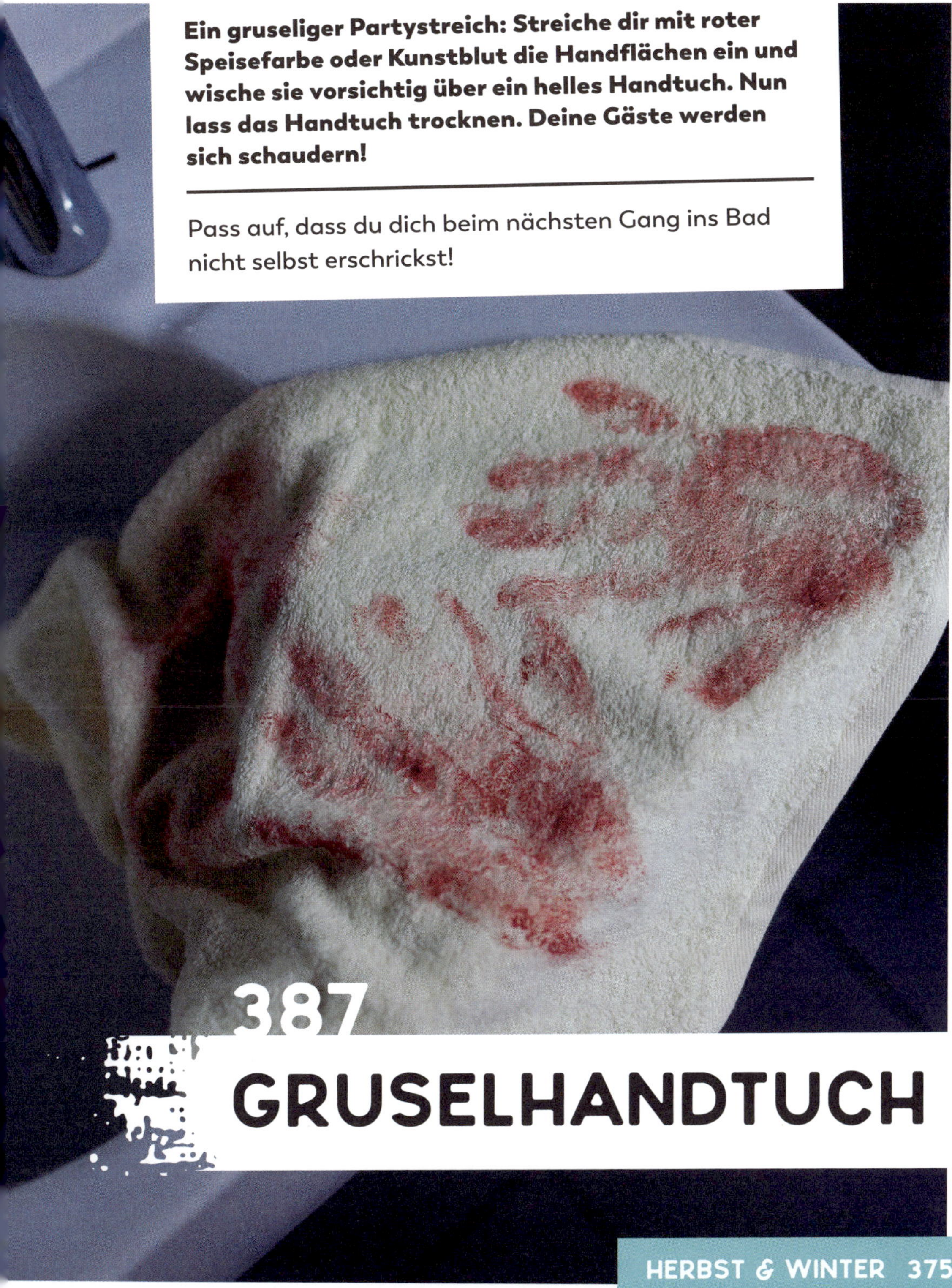

388 BLUTENDE KERZEN

Weiße Kerzen mit rotem Wachs beträufelt geben eine schaurig-schöne Halloween-Dekoration ab.

Mit Nadeln oder Nägeln kannst du den Kerzen zusätzlich einen Voodoo-Look verpassen.

389 STERNENHIMMEL AUS DER DOSE

Stich mit einem Nagel von außen Löcher in eine Dose. Stelle anschließend ein Teelicht oder eine Kerze in die Dose und bringe die Sterne zum Leuchten.

Du musst die Löcher nicht zufällig in die Dose stechen. Bau doch ein paar Sternenbilder mit ein. Eine gezeichnete oder ausgedruckte Vorlage kannst du mit Klebefilm auf der Dose befestigen.

Schneide zwei Augenöffnungen in eine leere Klo- oder Küchenkrepprolle und lege ein angebrochenes Knicklicht in die Rolle. Versteckt im Gebüsch oder in einer Hecke sieht es bei Nacht aus, als würde ein großes Tier an der Stelle lauern.

Mehr „Tiere" in den Büschen – mehr Grusel.

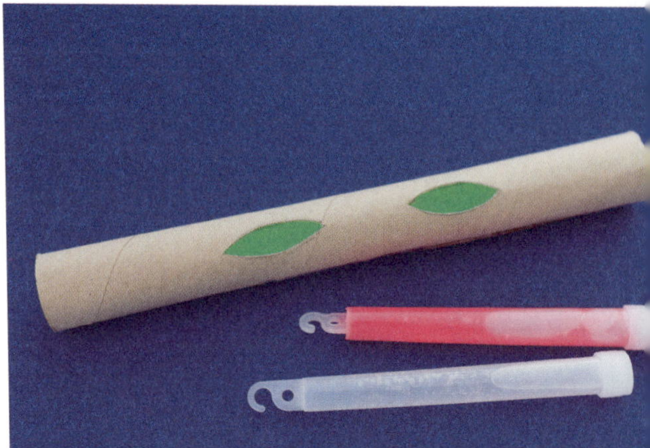

390 AUGEN IM GEBÜSCH

391

BITTE ZURÜCK AN ...

Befestige ein Schild mit deiner Telefonnummer oder E-Mail-Adresse an deinem Regenschirm. Wenn du ihn einmal vergisst, können ehrliche Finder dich erreichen.

Wähle eine Stelle, an der das Schild nicht abfallen kann.

392 KARAMELLIGE HERBSTLECKEREI

So wird aus gezuckerter Kondensmilch leckere Karamellcreme (Dulce de leche): Stich zwei Löcher oben in die Dose und koche die Dose bei mittlerer Hitze für zwei Stunden. Achte darauf, dass die Dose immer 2 cm unter dem Rand im Wasser steht, ggf. heißes Wasser nachfüllen. Die Dose nach dem Kochen mit einer Küchenzange aus dem Wasser heben und auskühlen lassen.

Wenn du die Kondensmilch nur in der Tube bekommst, fülle den Inhalt in ein Schraubglas und verfahre wie oben beschrieben. Schmeckt lecker zu Eis.

Entferne das Fruchtfleisch vorsichtig mit einem Löffel aus einer halben Orange, sodass der weiße, faserige Teil in der Mitte stehenbleibt. Fülle die Schale mit Pflanzenöl bis etwa 1 cm unterhalb des „Dochtes". Einige Minuten vollsaugen lassen, dann kannst du die Orange entzünden.

Lass die Orange nicht unbeaufsichtigt brennen und stelle einen Teller unter!

393

ORANGENKERZE

394

BACKFRISCHE PLÄTZCHEN

Eine Scheibe Weißbrot in der Keksdose hält weiches Gebäck und Plätzchen frisch.

Ein halber Apfel zusammen mit den Plätzchen hält diese ebenfalls weich und schmackhaft.

Plastikbecher auf Pappe geklebt helfen, Weihnachtsdekorationen sicher und geordnet in Kisten einzulagern.

Kleine Weihnachtskugeln kannst du in leeren Eierpappen lagern.

395 KUGELSICHER VERWAHRT

396
GLITZERTÜTE

Für silberglänzendes Geschenkpapier verwende eine Chipstüte. Diese einfach umdrehen und reinigen. Du kannst sie auch aufschneiden, um kleine Geschenke einzuwickeln.

„Ich musste leider die ganze Tüte Chips essen, wie sollte ich denn sonst das Geschenk einwickeln?“

397 NEWS-TÜTE

Kein Geschenkpapier parat? Nimm Zeitungen und falte daraus Tüten.

1. Das Papier zusammenfalten, dabei einen kleinen Überstand an der Seite lassen. Mit dem Überstand zusammenkleben.
2. Die Unterkante der Tüte nach oben und wieder zurück falten.
3. Das Rechteck aufstellen und die Mitte der Außenkanten nach innen zum Dreieck falten. Auf der anderen Seite wiederholen.
4. Die Kanten übereinanderlegen.
5. Zusammenkleben.
6. Die Tüte aufrichten und ausformen – fertig.

398

SCHNEE-FLOCKEN-PAPIER

Mit dem Radiergummi-Ende eines Bleistiftes und weißer Farbe kannst du Packpapier zu einem schicken Geschenkpapier veredeln.

Besonders edel wirkt das Papier, wenn du die Punkte statt mit Farbe mit Bastelkleber aufstempelt und anschließend mit Glitter oder Puder bestreust.

399

KEKSKÖRBCHEN

Aus einem Pappteller lässt sich mit wenigen Handgriffen ein dekoratives Körbchen basteln. Nach Belieben noch eine dicke Schleife darum binden.

Auch zum Servieren reich belegter Sandwiches geeignet.

Wickle Lichterketten nach dem Fest auf einen Kleiderbügel auf.

Vielleicht benötigst du die Lichterketten schon vor dem nächsten Weihnachtsfest wieder (siehe Hack 290).

400

LICHTERBÜGEL

Besprühe deine Schneeschaufel dünn mit Universal-Sprühöl, damit der Schnee nicht daran haften bleibt.

Du kannst die Schaufel auch mit Speiseöl einreiben.

401 LEICHTER SCHNEESCHIPPEN

Ist das Türschloss vereist, einfach den Schlüssel mit einem Feuerzeug erwärmen.

Damit die Tür nicht anfriert, Vaseline auf den Gummi geben.

402 EISBRECHER FÜRS AUTOSCHLOSS

403

SCHNEEKETTE FÜRS RAD

Befestige Kabelbinder entlang der Speichen am Fahrradreifen. Diese verhelfen den Reifen auf verschneiten Flächen zu mehr Halt.

Achtung: Der Hack funktioniert nur bei Rädern mit Scheibenbremse! Bei Felgenbremsen können sich die Kabelbinder in den Bremsbacken verhaken.

404 ESSIGSAURES SCHEIBENWUNDER

Sprühe Essig auf die Fahrzeugscheiben, um sie vor dem Einfrieren zu schützen. Mische drei Teile Wasser und einen Teil Essig in einer Sprühflasche.

Wenn die Scheibe schon vereist ist, einfach die Mischung aufsprühen, dann lässt sich das Eis leichter entfernen.

405

HEIZUNGSBOOST

Alufolie hinter dem Heizkörper reflektiert Wärme in den Raum und hilft, Energie zu sparen.

Man kann für diesen Lifehack auch die Rettungsdecke aus einem alten Verbandskasten verwenden.

406 STRAHLERKLAR

Wachs hält Scheinwerfer auch bei Frost klar.

Trübe Scheinwerfer kannst du mit Zahnpasta putzen.

407 STREIFENFREI

Etwas Reinigungsalkohol auf ein fusselfreies Tuch auftragen und die Scheibenwischer damit vorsichtig reinigen. So hast du ganzjährig klare Sicht und keine Streifen.

Gib Spiritus niemals mit in das Wischerwasser. Er geliert ab minus 14 °C und kann die Düsen verstopfen.

408

FILZSOHLEN

Aus einem Stück Wollfilz kannst du dir kuschelige Einlegesohlen für deine Winterstiefel ausschneiden.

Lässt sich die Sohle aus dem Stiefel herausnehmen, kannst du sie als Schablone verwenden.

Fülle Reis in eine Socke und verknote sie, bevor du sie in der Mikrowelle erwärmst. Eine Wohltat an eisigen Wintertagen!

Funktioniert auch mit Linsen, getrockneten Erbsen und Getreide.

409

WARME SOCKE

410

NUSS-GENUSS

Grob gehackte Walnüsse in Honig gerührt ergeben ein dekoratives und leckeres Geschenk. Zwei Esslöffel Weinbrand runden es ab. Gut einrühren und zwei Wochen ziehen lassen.

Schmeckt hervorragend über Eis, Obstsalat oder eingerührt in Joghurt.

Verschenke selbst gemachte Backmischungen! Einfach die trockenen Zutaten in ein dekoratives Glas schichten und mit dem Rezept beschriften.

Zutaten: 350 g Zucker, 50 g Kakaopulver, 125 g gehackte Wal- oder Pekannüsse, 200 g Mehl, 1 TL Backpulver, 1/2 TL Salz. Frisch hinzugeben: 3 Eier und 175 g Margarine.

411 GLÜCK IM GLAS

412

KAKAO FÜR DIE SEELE

Wenn es draußen windet und schneit, wärmt eine Tasse heißer Nuss-Nougat-Kakao das Herz. Erwärme einen Liter Milch bei mittlerer Hitze in einem Topf und rühre 100 g Nuss-Nougat-Creme hinein, bis sie sich auflöst und die Milch warm ist.

Geschlagene Sahne oder kleine Marshmallows krönen das Getränk.

413 GESCHIRRKUNST

Mit Porzellanfarben aus dem Bastelbedarf kannst du Geschirr individuell beschriften und bemalen.

Die liebevoll gestalteten Unikate sollten nicht im Geschirrspüler gereinigt werden.

Vermische ¼ Tasse Reinigungsalkohol (Isopropanol), eine ¾ Tasse Wasser und 20 Tropfen ätherisches Öl in einer Flasche. Gib bei Bedarf Schnitze von Orangen- oder Zitronenschale, frische Kräuter oder eine Zimtstange hinzu. Stelle nun 8–10 Bambusstäbe in die Flasche und warte, bis diese sich voll Flüssigkeit gesogen haben. Fertig ist der Lufterfrischer.

Nach 30 Tagen solltest du die Flüssigkeit in der Flasche ersetzen, damit die Mischung nicht schimmelt.

414

ORANGENDUFT LIEGT IN DER LUFT

415

SÜSSER SOCKENMANN

Befülle zwei bis drei kleine Schraubgläser mit Süßigkeiten oder Trinkschokolade und Marshmallows. Staple die Gläser übereinander und klebe sie mit doppelseitigem Klebeband zusammen. Das Gesicht mit Permanentstiften aufmalen. Für Mütze und Schal Socken verwenden.

So machen auch Socken als Geschenk Freude!

FAILS – DAS GING SCHIEF ...

Auf diesen Seiten wollen wir dir zeigen, welche Lifehacks zumindest uns beiden noch nie gelungen sind – und was wir als Ursache dafür vermuten. Vielleicht hast du ja mehr Glück damit?! Aber sei gerüstet und vorsichtig: Das ist nicht immer ganz ungefährlich!

HIPPER MAISGENUSS – FÜR UNS NICHT HIP GENUG!

Ein etwas neuerer Internet-Trend ist das bequeme Essen von Mais mittels eines längs durch alle Körner einer Reihe gestochenen und dann vom Kolben abgezogenen Holzspießes. Also entweder funktioniert Internet-Mais gänzlich anders als Ben-und-Kai-Mais oder die Magie liegt in den Holzspießen ... Bei uns haben sich in allen Tests die gepiercten Maiskörner nicht vom Kolben gelöst, sondern der Holzspieß ist einfach aus den Körnern herausgerissen. Wir haben den Mais auf viele Arten gekocht, gedämpft, gegart und gemikrowellt – Pustekuchen! Naja, Mais schmeckt eh blöd ...

FAIL

„EINFACHE" VASE

Dieser Hack begleitet uns schon seit Jahren, und auch wir haben lange von tollen, selbstgehackten Blumenvasen und Stifthaltern geträumt. In zahlreichen Internetvideos sieht es nämlich so einfach aus, wie man eine Weinflasche mit einem in Feuerzeugbenzin getränkten Wollfaden umwickelt, diesen anzündet und das Glas anschließend unter Eiswasser abschreckt: Durch die Wollfaden-Feuer-Schwachstelle soll die Flasche an genau dieser Stelle brechen. Glaube uns, wir haben alles probiert: natürlich unterschiedliche Flaschen, verschiedene Fäden (sogar verschiedene Farben), diverse Alkoholika und Benzine zum Anzünden, bunte Feuerzeuge und alles von kaltem Wasser bis zu gaaaanz kaltem Wasser. Es hat zwischendurch sogar mal halbwegs funktioniert! Aber nie, auch nach 100 Versuchen nicht, ist die Flasche so PERFEKT gebrochen wie in einfach JEDEM Video, das man finden kann. (Vielmehr war meist rohe Gewalt dafür nötig…) Außerdem haben wir bei den Tests ca. 20 Liter eigenen und fremden Blutes eingebüßt. Von unserer Seite ist das also wirklich nicht zum Nachmachen zu empfehlen!

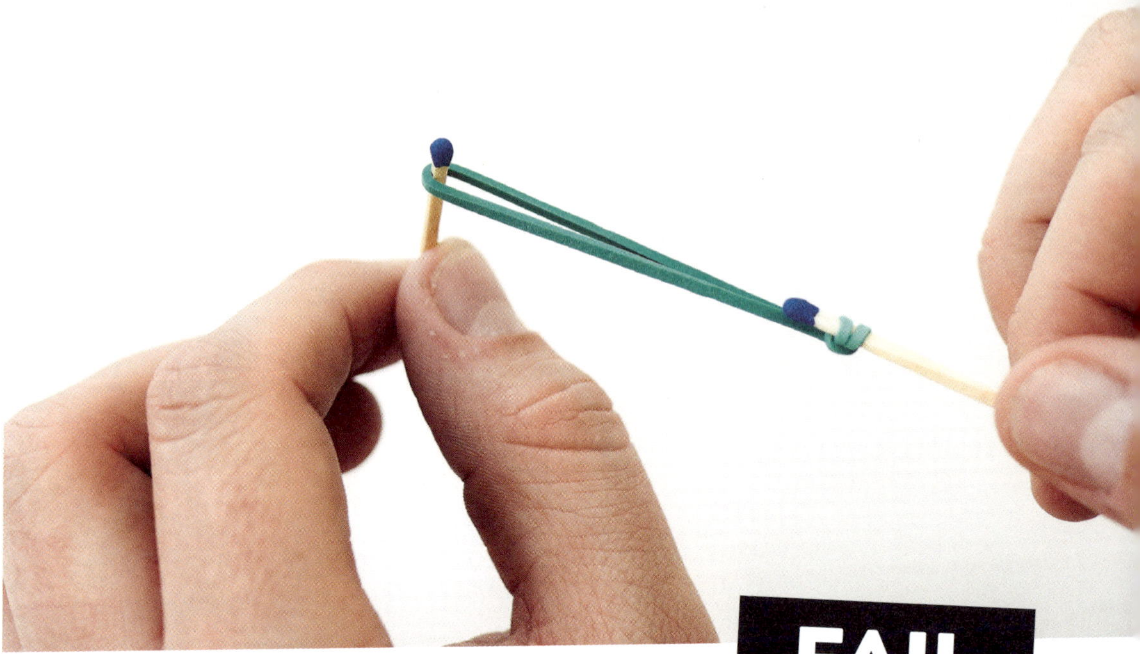

FAIL

STREICHHOLZKANONE, DIE NICHT ZÜNDET

Eigentlich eine schöne Idee: Knote ein Gummiband an die Spitze eines Streichholzes, schieße damit ein zweites Streichholz gegen das erste, und, ZACK, entzündet sich das erste Streichholz! Blöd nur, dass das mit 99 % der heute in freier Wildbahn anzutreffenden Sicherheitsstreichhölzern nicht möglich ist, weil diese eine besonders behandelte Reibefläche benötigen. Abgesehen davon, dass man sowieso in 9 von 10 Fällen danebenschießt und 2 Stunden lang Streichhölzer unter der Couch sucht, könnte man für den Hack funktionierende "Nicht-Sicherheits-"Streichhölzer auch an jeder beliebigen rauen Oberfläche anzünden und müsste nicht erst Gummibänder knoten. Aus der Traum vom „Schießholz", bleiben wir doch beim guten alten „Streichholz".

TURBO-SLUSH OHNE TURBO (UND OHNE SLUSH)

Der Trick klingt sehr einfach: Schüttle eine Flasche mit kohlensäurehaltiger Limonade kräftig und kühle sie im Eisfach des Kühlschranks herunter. Durch den erhöhten Druck in der Flasche verschiebt sich der Gefrierpunkt und die Limo bleibt flüssig, auch wenn sie bereits deutlich unter 0 Grad Celsius gekühlt wurde. Wenn man diese Flüssigkeit dann ausgießt, gefriert sie umgehend zu Eis – ein beeindruckender Effekt, besonders auf Partys. Wenn er denn funktioniert. Wir haben unzählige Flaschen mit Limonade im Eisfach gelagert, doch mal war die Limo einfach nur sehr kühl, manchmal ist sie einfach durchgefroren. Turbo-Eis mit Wow-Effekt jedenfalls hat keine davon ergeben – leidiglich hing wochenlang der Haussegen schief, weil die Gefriertruhe ständig belegt und die Küche hinterher meist ein klebriges Limo-Schlachtfeld war …

MAKING-OF

Wenn einer ein Lifehack-Buch schreibt … dann braucht er einiges an Material! Beim Ausprobieren und Fotografieren der Hacks in diesem Buch wurden unzählige Marshmallows verbraucht (wo die meisten gelandet sind, möchten wir nicht näher erläutern …), Plastikflaschen zerschnitten, Holzstäbe eingesetzt und Scheren stumpf geschnitten.

ES MUSSTEN DENKPAUSEN EINGELEGT WERDEN...

... UND FÜR EINIGE AUFGABEN BEDURFTE ES HÖCHSTER KONZENTRATION UND DEM-ENTSPRECHEND ABSOLUTER STILLE.

DOCH DAS WAR ZUM GLÜCK DIE AUSNAHME: DIE MEISTE ZEIT HATTEN WIR EINFACH EINEN HEIDENSPASS IN UNSEREM KREATIVEN CHAOS! UND WIR FINDEN, DER AUFWAND HAT SICH GELOHNT!

REGISTER

Hier findest du die nützlichsten Alltagshelfer und -gegenstände aus dem Buch alphabetisch sortiert. Folge den Hacknummern, um zu erfahren, für welche Tricks du sie einsetzen kannst oder wie sich ein Problem damit ganz einfach lösen lässt.

BUCHEMPFEHLUNGEN FÜR DICH

Noch mehr kreative Bücher zum gleichen Thema gesucht?

ISBN 978-3-7724-7596-2

ISBN 978-3-7724-7155-1

ISBN 978-3-7724-7468-2

ISBN 978-3-7724-7826-0

ISBN 978-3-7724-7793-5

ISBN 978-3-7724-7726-3

ISBN 978-3-7724-7623-5

ISBN 978-3-7724-7716-4

ISBN 978-3-7724-7784-3

ISBN 978-3-7724-7745-4

ISBN 978-3-7724-7693-8

KAI DANIEL DU:

Kai ist Jahrgang 1977, lebt mit seiner Tochter Vicky in NRW und kocht leidenschaftlich gern. Beruflich ist er im Internet unterwegs. Neben dem Lifehacken zeichnet, malt und druckt Kai kunstvolle Bilder oder baut in seinem Garten Obst und Gemüse an.

BENJAMIN BEHNKE:

Ben ist Jahrgang 1987, lebt mit seiner Familie im Ruhrpott und lässt keine Gelegenheit für einen schlechten Witz oder ein Wortspiel aus. Neben dem Lifehacken macht Ben „was mit Computern". Er mag Katzen und Spinat – aber nicht gleichzeitig.

WER WIR SIND, WIE WIR ARBEITEN, WAS WIR LIEBEN ...

Folgen Sie uns auf Instagram, Facebook und Pinterest, um mehr über uns und unsere Arbeit zu erfahren und immer mit den neuesten Informationen versorgt zu sein.

ALLE NEWS, ALLE INFOS UND ALLE LINKS FINDEN SIE AUF WWW.TOPP-KREATIV.DE

IMPRESSUM

BILDER: lichtpunkt, Michael Ruder, Stuttgart
TEXTE: Benjamin Behnke, Kai Daniel Du
PRODUKTMANAGEMENT UND LEKTORAT: Stephanie Iber
LAYOUT, SATZ UND COVERGESTALTUNG: Eva Grimme
DRUCK UND BINDUNG: Drukarnia Interak Sp. z o.o.

1. Auflage 2019

ISBN 978-3-7724-7009-7 • Best.-Nr. 7009